原来，财政学可以这样有趣

[关于财政学的名言锦句与趣闻轶事]

沈琳 ◉ 编

YUANLAI,CAIZHENGXUE KEYI ZHEYANG YOUQU

西南财经大学出版社
SOUTHWESTERN UNIVERSITY OF FINANCE & ECONOMICS PRESS

图书在版编目(CIP)数据

原来,财政学可以这样有趣/沈琳编. —成都:西南财经大学出版社,
2012.11
ISBN 978-7-5504-0888-3

Ⅰ.①原… Ⅱ.①沈… Ⅲ.①财政学—通俗读物
Ⅳ.①F810-49

中国版本图书馆 CIP 数据核字(2012)第 264934 号

原来,财政学可以这样有趣
——关于财政学的名言锦句与趣闻轶事
沈 琳 编

责任编辑:王 利
封面设计:大 涛
责任印制:封俊川

出版发行	西南财经大学出版社(四川省成都市光华村街55号)
网 址	http://www.bookcj.com
电子邮件	bookcj@foxmail.com
邮政编码	610074
电 话	028-87353785 87352368
照 排	四川胜翔数码印务设计有限公司
印 刷	四川森林印务有限责任公司
成品尺寸	148mm×210mm
印 张	7.5
字 数	190千字
版 次	2012年11月第1版
印 次	2012年11月第1次印刷
印 数	1—2000册
书 号	ISBN 978-7-5504-0888-3
定 价	15.00元

前言

财政学是高等院校经济类专业、各财经类专业及工商管理专业的必修课和核心课之一。它通过阐明财政的基本知识、基本理论和基本管理技能，系统地分析政府如何通过税收、国债、预算、公共支出、政府采购等财政政策手段，实现对宏观经济的干预，从而弥补市场失灵，实现财政职能。在我国经济体制转轨的过程中，政府职能也正经历着重大的转变，许多新情况、新问题亟待我们去解决。因此，深入学习财政学相关理论和知识，为后续专业课程的学习奠定基础，便显得尤为重要了。

笔者从2003年开始教授本科生财政学课程，至今已有十年。在长期的教学过程中，笔者深深地感到：财政学本应是一门充满乐趣的宏观经济学科，它和我们的生活息息相关，可以说是无时不在、无处不有。可是由于缺乏一本系统的财政学课程的拓展阅读材料，使得很多学生在面对这门课程时，总觉得它都是文字描述，难免有些枯燥乏味，从而提不起学习兴趣，对于考试也仅限于考前背上一两天，考试后迅速“清零”，更别提如何运用财政学的理论知识分析身边的许多财经现象了，而这本应是财政学课程教学最基本的教学目的。于是，笔者开始有意识地一点一滴地收集与财政学课程相关的财税名言、财税趣闻、财税史话、财税小品文等，并将其汇总整理出来，成为今天的这本小册子。笔者热切地期望，这本小册子的诞生能够帮助更多的从事经济管理专业学习的学生，拓展他们的学习视野，提升他们学习财政学的兴趣；同时也能够为众多从事相关教学工作的教师提供教学参考。

本书为全系列第一辑，共分两篇，第一篇是关于财政（学）的名言（格言），多是经济学家对财政学相关知识的阐述和观点，也有关于理财的格言；第二篇是财税趣闻，主要分为名人与税收、五花八门的税种、各国财税趣闻等几部分内容。

本书的编写和出版得到了西南财经大学出版社和海南大学经济与管理学院院长胡国柳教授的大力支持，在此谨致谢忱。在本书编写过程中，笔者借鉴了国内外专家学者的科研成果，在此一并致以诚挚的谢意。由于笔者水平有限，书中难免会有疏漏，希望各位读者和专家能够通过邮箱 SL2396@163.com 与我交流，并批评指正。

沈　琳

2012 年 8 月于海南海口

目 录

第一篇 关于财政（学）的名言（格言）

第二篇　财税趣闻

第一篇
关于财政（学）的名言（格言）

一般而言，财政学教材的编排顺序通常包括：导言（主要是关于财政学课程的介绍）、政府和市场、财政及其职能、财政支出、财政收入（包括国债）、国家预算、财政政策和财政平衡。所以，本篇也是依照这一顺序来安排的。值得一提的是，正如编者在课堂上经常向学生强调的，学习财政学，不仅要深入了解政府是如何理财的，更重要的是学会自己理财。所以，编者特地收集整理了一些关于理财的名（格）言，作为本篇的第六章。另外，我国的财政事务主要是由财政、税务等部门来负责的，它们的宣传格言很大程度上可以体现财政的实质。所以，第七章是各地财政税务部门的网站宣传语（格言）。

第一章 关于财政学

财政学是一门宏观经济学；由于它往往与国家、政府等政治问题联系在一起，它又是一门政治经济学；财政学主要研究的是政府如何理财、如何向人们提供公共物品和公共服务的问题，所以，它还是一门政府经济学或公共部门经济学。

财政学无疑是对个人与国家之间关系的高深的讨论。没有比财政学更好的学校教育了。

——瓦克拉维·克劳斯（Vaclav Klaus），捷克前总理

经济学是一门使人幸福的艺术。

——萧伯纳（1856—1950，英国剧作家，诺贝尔文学奖获得者）

经济学是方法，而不是教条；经济学是心灵的仪器，是思维的工具，能帮助人们推导出正确的结论。

经济学家的思想无论是否正确，其力量之大都超过对他们的普通理解。事实上，世界总是受这些思想统治的，许多自以为不受任何理论影响的实践家却往往是某个已故经济学家的奴隶。

——J. M. 凯恩斯（John Maynard Keynes，1883—1946）

经济学不能直接给你带来财富，但能促使你像经济学家一样思考，更好地理解这个世界，更加聪明地安排自己的工作和生活。

学习经济学是再简单不过的事了，你只要掌握两件事，一

个叫供给，一个叫需求。

成为一个经济学家很容易，连鹦鹉都可以，只要它会说两个词：供给和需求。

学习经济学并非要让你变成一个天才；但是，如果不学经济学，那么命运很可能会与你格格不入。

经济学研究的是人和社会如何选择来使用可以有其他用途的稀缺资源，以便生产各种商品，并在现在或将来把商品分配给社会的各个成员或集团以供消费之用。

——保罗·萨缪尔森（Paul A. Samuelson，1915—2009，当代凯恩斯主义的集大成者，有人说他是“经济学的最后一个通才”，诺贝尔经济学奖获得者）

经济学作为一门科学，它的主要作用是教导人们怎样去提高生活水平。

——威廉·阿瑟·刘易斯（1915—1991，发展经济学的集大成者，1979 年诺贝尔经济学奖获得者）

经济学几乎可以用来分析人类社会 90% 的行为。

在没有统一财政的基础上建立统一的欧元，本身就是个错误。

——加里·S. 贝克尔（Gary S. Becker，1992 年诺贝尔经济学奖获得者）

学习经济学的目的不是要找到一大堆答案来回答经济问题，而是要学会不被经济学家欺骗。

——琼·罗宾逊

经济学是一门迷人的科学，最令人着迷的是，经济学的基本原理是如此简单，只要一张纸就可以书写完毕，而且任何人都可以了解。然而，真正了解的人又何其少。

——米尔顿·弗里德曼（诺贝尔经济学奖得主）

经济学是快乐与痛苦的微积分学……快乐与痛苦无疑是经济学的最终目的，以最小努力满足最大欲望，以最小厌恶的代价获取最大欲望的快乐，使快乐增至最大限度，就是经济学的任务。

——威廉·斯坦利·杰文斯

一般而论，经济学是精明而节俭的供应全家一切需要的艺术……在一家为经济，在一国则为政治经济学。

——詹姆斯·斯图亚特·帕克（James Stuart Park）

学经济学不累，用经济学颇爽。

许多事情你是熟悉的，但不知道为什么，经济学可以告诉你，给你一种升华的感觉。

——梁小民

你（经济学家）能解释人的行为，我就服你；解释不了，就是废物。

——张五常

经济学知识是一门每个做大事或做小事的人都需要懂得一点的学问。只有那些准备上荒岛去开垦且不与外界社会往来的人，学习经济学才会成为多余的事。

——茅于轼

关于政治经济学，我们可以读到的最好的书本就是现实生活。

——李斯特

政治经济学，或称经济学，是对一般经济生活中的人类进行研究的一门学问；它所考察的是个人行动和社会行动的一部分，是同安居乐业所必需的物质条件的获得和利用最紧密相关的那一部分。

经济学将财富看成是满足欲望的东西和努力的结果……经济学一方面是一门研究财富的科学；另一方面，也是研究人类在社会中的活动的社会科学的一部分，是研究人类满足欲望的种种努力，然而只以这种努力和欲望能用财富或它的一般代表物——货币——来衡量为限。

事实上，近代经济学的创始者，差不多都是性情温和、富有同情心和为人道的热忱所感动的人。他们毫不例外地致力于这样的信念：全体人民的福利应当是一切私人努力和公共政策的最终目的。

——阿尔弗雷德·马歇尔（Alfred Marshall，1842—1924，英国新古典经济学家）

（在亚当·斯密之前）全部财政学都纯粹是国家的；国家经济被看成全部国家事务的一个普通部分，从属于国家本身。

——马克思，《马克思恩格斯全集》第一卷

（亚当·斯密）在1776年发表了自己关于国民财富的本质和成因的著作，从而创立了财政学。

——恩格斯，《马克思恩格斯全集》第一卷

一个民族的精神风貌、文明程度、社会结构，以及政策可能酿成的行为方式，所有这些甚至更多，都记录在它的财政史上。那些明白怎样读懂这个历史所蕴涵的信息的人们，在这里比其他任何地方都更能清醒地预感到震撼世界的惊雷。

——约瑟夫·熊彼特（Joseph Alois Schumpeter，1883—1950）

公共财政形成了经济发展的过程。

——世界银行《1988年世界发展报告》

第二章 关于财政学基本理论

市场机制应当在资源配置中发挥基础性的作用。但是由于市场存在着失灵，因此需要政府适时地对市场进行干预，参与资源配置，以弥补市场失灵。因为政府干预存在着失效，因而需要相应地转变政府职能，做到少越位、别错位、勿缺位。

为了更好地发挥公共职能，弥补市场失灵，政府需要筹集财政收入，安排财政支出，为人们提供公共物品和公共服务，从而发挥财政的资源配置、收入分配、经济稳定和发展三大职能。

政府的当务之急，不是要去做那些人们已经在做的事，无论结果是好一点还是坏一点；而是要去做那些迄今为止还根本不曾为人们付诸行动的事情。

——J. M. 凯恩斯，《自由放任的终结》，1926 年

一般地说，他并不企图增进公共福利，也不知道他所增进的公共福利是什么。在他使用的资本来使其产出得到最大的价值的时候，他所追求的仅仅是个人的利益。在这样做的时候，有一只看不见的手引导他去促进一种目标，而这种目标绝对不是他个人所追求的东西。

——亚当·斯密

市场不能实现充分的风险转移，这方面的缺陷导致在社会制度、发放执照、破产、有限责任以及大型商业组织等方面出现了一些作为弥补的替代性措施。

——肯尼斯·阿罗（Kenneth J. Arrow，美国著名数理经济学家，1972 年诺贝尔经济学奖获得者）

经验显示，市场自己会说话，市场永远是对的。凡是轻视市场能力的人，终究会吃亏的！

——威廉·欧奈尔

首先需要积极提高市场系统的权力和能力，提高它与计划系统相对的发展程度，从而由这一方开始，发现两个系统之间在发展方面一贯存在的不均衡状态。这里应采取的步骤是，缩减两个系统收益的不均等，提高市场系统的谈判力量，减少计划系统对它的剥削。我们把这个叫做“新社会主义”。

——约翰·肯尼斯·加尔布雷斯，《经济学和公共目标》

这不是国家或市场的问题，因为每一个都具有重大而不可替代的作用。

——世界银行《1991 年世界发展报告》

完全竞争和资源最优配置如同一枚硬币的两面。

——加林·库普曼斯（Tjailing C. Koopmans，1910—1985，荷兰经济学家，1975 年诺贝尔经济学奖获得者）

在完全竞争的条件下，通过竞争与资源自由流动，最终会使边际私人净产值等于社会净产值。

通过完全自由的竞争，充分就业的强大趋势将始终存在。

——阿瑟·庇古（Arthur Cecil Pigou，1877—1959，英国经济学家）

某些东西市场无能为力，所以需要避开市场。例如，市场不能提供国防。

——弗里德曼

亚当·斯密的“看不见的手”，就像皇帝的新装。之所以看不见，是因为本来就不存在。信息总是不充分的，市场总是不完全的，也就是说市场总是不具有受约束的帕累托效率。

——约瑟夫·斯蒂格利茨（Joseph E. Stigliz，美国经济学

家，2001 年诺贝尔经济学奖获得者）

在既定的收入分配下，检验一个经济社会的福利是否增加的标准是，如果生产和交换情形的改变，使得社会中一些人的境况变得好些，而其他人并未变得坏些，社会福利才能说是增进了；而如果一些人的境况变好了，但另一些人的境况却变坏了，就不能说整个社会的福利增加了。

——维尔弗雷多·帕累托（Vilfredo Pareto，1848—1923，意大利经济学家），《政治经济学教程》

垄断者，通过经常保持市场存货的不足……以远远高于正常的价格出售他们的产品，从而无论在工资还是在利润方面都提高他们的回报。

——亚当·斯密，《国富论》，1776 年

市场上普遍存在形成垄断的偏好。

——瓦尔特·欧根（Walter Eucken，1891—1950，德国经济学家）

私人垄断很少是完全的垄断，更难长时期地存在下去，或者私人垄断通常不能忽视潜在的竞争。而国家的垄断则是一个受到国家保护的垄断——保护它不会受到潜在的竞争和有效的批评。

——弗里德里克·哈耶克（Friedrich August von Hayek，1899—1992，英国经济学家）

垄断者将本应归所有人自由享有的东西攫为己有……夺取他人生意的垄断者，夺去了他人的生命……所有涉及商业和交易的垄断都是反自由和反自主的。

——爱德华·科克爵士（1552—1634，英国律师），《散步者》

市场经济是唯一自然、合理和能够带来繁荣的经济，因为它是唯一能反映生活本质的经济。生活的精髓就在于它无穷无尽和神秘多样，因而，就生活的完美性和变幻性而言，任何中

心人物的智慧都无法加以涵盖和设计。

——维克拉夫·哈韦尔，《夏日静思》，1993年

计划多一点还是市场多一点，不是社会主义与资本主义的本质区别。计划经济不等于社会主义，资本主义也有计划；市场经济不等于资本主义，社会主义也有市场。计划和市场都是经济手段。社会主义的本质，是解放生产力，发展生产力，消灭剥削，消除两极分化，最终达到共同富裕。

——邓小平，《邓小平文选》(市场与计划的关系)

1984年4月27日美国总统里根在北京人民大会堂的演说中说："在最短期内完成最大进步的，不是组织最严密的社会，也不是天然资源最丰富的社会，而是人民获许自由创造、竞争和建设；人民获许自由思考、自由做出经济决定，及从负担风险中取得利润报酬的社会。美国深信奖励制度是一个重要的关键：自由人建立自由市场，可促成人人获益之发展。"

——R. 里根

只要还存在着市场经济，只要还保持着货币权力和资本力量，世界上任何法律也无力消灭不平等和剥削。

——列宁

有些人把私人企业看成一个攻击的箭靶，另有些人把它看成可以挤奶的牛。

——W. 丘吉尔（英国首相）

竞争主要是一个形成意见的过程：通过传播信息，它带来了经济体系的统一和连贯，而这是我们把它作为一个市场的先决条件；它创造出人们对于什么是最好的和最便宜的看法；而正是由于它，人们所了解的可能性和机会至少像现在了解的那样多。所以，竞争是一个涉及数据不断变化的过程，它的重要性也就必然完全被任何视这些数据为恒定的理论所忽视。

——弗·冯·哈耶克，《个人主义与经济秩序》

必须维持商业的完全自由。因为最完全、最确实、对于国

民或国家最有利的国内商业和对外贸易政策，在于保持竞争的完全自由。

——弗朗索瓦·魁奈（Francois Quesnay，1694—1774，法国经济学家，被称为“欧洲的孔夫子”），《魁奈经济著作选读》

在他们自私地追求豪华、虚荣的时候，整个社会反倒兴盛繁荣，人人都有工作；在他们不再那么邪恶，舍弃奢侈生活的时候，却带来了生意萧条、民生凋敝。

——伯纳德·曼德维尔（Bernard Mandeville，1670—1733，英国古典经济学家）

在以下三种罪恶中只有一个选择：不规范的私人垄断、规范的私人垄断和政府操作。

——米尔顿·弗里德曼，《自由选择》

经济形势与女人的裙摆有着某种神奇的联系：经济繁荣时期，裙摆会变短；经济一旦衰退，短裙则随之变成长裙。

——乔治·泰勒

贫富国家之间所得的悬殊，是贫穷国家的不幸，也令富裕国家不安。

在人类历史上，贫穷总是动乱的温床。

所谓“繁荣”，就是你出售商品时价格上涨；

所谓“通货膨胀”，就是你购买东西时价格上涨。

所谓经济“衰退”，就是别人失业的时候；

所谓经济“萧条”，就是你自己失业的时候。

——美国的流行说法

当我们把这同一行星上的人类进行划分的时候，一个行星成了两个世界：富有的世界与贫困的世界。

——雷那恩·维茨，1986 年

哪里的经济状况不平等，哪里的食物匮乏所带来的苦难就必然最沉重地落在最为不幸的社会成员身上。

——马尔萨斯，《人口原理》

当今人们所亲眼目睹的环境恶化，绝大部分主要是由于两类人，即10亿最富有的人和10亿最贫困的人造成的。

——纳菲斯·萨德克（联合国人口基金会执行主任），1991年

当我们拿起刀来，试图将国民收入这块蛋糕在穷人和富人之间做平均分配时，整个蛋糕却忽然变小了。

——阿瑟·奥肯（美国经济学家）

因为他已经有，故还要给予，使之富余；但对于没有的人，连他原有的都应剥夺。

——《马太福音书》

外国援助必须和普遍公认的政策目标相联系——尤其与消除贫困的战略计划相联系。

——联合国开发计划署《1994年人类发展报告》

贫困必须被视为是一种对基本能力的剥夺，而不仅仅是收入低下。

——阿马蒂亚·森

一个到目前为止大部分成员都贫困潦倒的社会不会是一个繁荣幸福的社会。

——亚当·斯密，1776年

西方国家必须认识和理解现行经济条件阻碍发展并使我们经济滞后的程度，我们不能接受让南方国家为北方国家施加的不平等付出代价的做法。

——劳尔·阿方辛（阿根廷前总统），1987年

具有讽刺意味的是，在欠发达国家国内逐步开放的同时，世界市场仍旧是受限制的。如果世界市场不取消贸易保护主义限制，发展中国家的产品卖到哪儿去？

——威廉·德伯雷三世（联合国开发计划署执行人），1992年

如果我是第三世界国家的总统的话，我对于衣冠楚楚、带

来国际货币基金和花旗银行贷款的绅士们的畏惧，将远超过对于那些留着大胡子、嘴里唠叨着“革命”的游击队员的畏惧。

——刘易斯·拉普汉：《帝国化装舞会》，1990 年

第三世界对国际秩序必须要求的是……实际资源的真正流动，而不是目前的“援助”文字游戏。

——《第三世界社会科学家圣地亚哥决议》，1973 年

北方国家把我们说成是不幸的牺牲品，在给予贷款和援助运用上武断支配，是为了把南方的困难永久化。

——纳尔逊·曼德拉，联合国社会理事会，1995 年

社会财富的 80% 掌握在 20% 人的手中，要知道这 20% 的人的行动，就可以掌握社会总行动的 80%。

——“帕累托收入分配定律”

世界已经变成了一个全球性的金融村……但占世界人口 20% 最穷的人口几乎没有从已经增长的经济全球化中受益，他们在世界贸易中的份额只有 1%。

——联合国《1995 年人类发展报告》

信息不完整和信息不对称，会造成三种结果：第一，即使市场里有人想买，有人想卖，交易也不一定发生；第二，即使交易发生，也可能具有非常特殊的性质；第三，当市场机制不能发挥作用时，“非市场”的机制可能应运而生，不过这些非市场机制可能会造成愈益亏损的结果。

——约瑟夫·斯蒂格利茨

美国经济异乎寻常的现实，就是不公平——收入不平等；经济势力不均衡；以及涉及决定一个人生活命运问题的不公道。不公平应该是经济学加以研究的首要内容。但事实上，经济学，作为被世代传授的学问以及经济学家本行的业务，却很少涉及不公正的问题。

——约翰·维克斯，《激进的政治经济学》，1969 年

我们正在变成一个寡头政治的社会，带有财富极为集中的

特征。这种财富的高度集中是受到政策保护的，这种政策使有钱人以外的任何人都难以发出自己的声音。

——爱德华·沃尔夫，2002年（对美国的评论）

75%以上的世界人口生活在发展中国家，然而，他们只享有15%的世界收入，与此同时，25%的最富裕人口，却享有85%的全球收入。

——联合国《1995年人类发展报告》

这是一种过时的分配机制。这种过时的分配机制随着中国经济持续的快速发展，必然要改变。如果不改变，将会严重阻碍人们进行昂贵的人力资本投资，从而阻碍中国经济结构的战略调整。

——普雷维什（谈到中国贫富悬殊问题时）

平均而言，最富裕的美国人平均“拥有”的财富数量比普通民众的家产高出六万倍以上。

——爱德华·沃尔夫，埃及特·扎卡利亚斯，2007年

说到经济发展问题，我只不过是要说明和解释不同国家及其不同阶段从人均收入水平和增长率所表现出的模式问题。这个定义或许太狭隘，但是考虑到收入模式（Income Patterns）时，我们会考虑社会的许多其他方面。所以，我认为，我们应将经济发展限定在这个定义上，直到它将我们引向一个更明晰的关于经济发展的含义。

——R. 卢卡斯（R. Lucas），1998年

我们决不应迷失经济发展的最终目的，那就是以人为本，提高他们的生活条件，扩大他们的选择余地……如果在经济增长（通过人均收入来衡量）与人类发展（以人的寿命、文化或者成功比如自尊来反映，但不易度量）之间存在着紧密的联系，那么这两者之间的统一是有益的。但这两种表达方式并不十分相关。

——P. 斯特里顿（P. Streeten），1994年

发展是人类面临的最大挑战。

——世界银行《1991 年世界发展报告》

发展必须被重新定义为是对当今世界上的主要祸害：营养不良、疾病、文盲、贫民窟、失业和不平等发起的进攻。利用总增长率作为衡量的标准，发展已经取得了巨大成功。然而，如果从就业、正义和根除贫困等方面来考察，则发展并没有取得成功，或只取得了部分成功。

——P. 斯特里顿（世界发展研究所所长）

如果我们不能把握发展的内在含义，即使拥有再多有关发展的资料也无济于事。

——丹尼斯·古雷特，《严酷的选择》

现今各国政府和它们的人民所做的影响人口前途的事将会为下一个世纪的发展战略设定条件。

——A. W. 克劳森（世界银行前行长）

全球平均综合发展成本为 1.00，中国平均综合发展成本为 1.25。也就是说外国人用 4 元办到的事，中国人需要用 5 元。

——中国科学院可持续发展课题组，《2002 年中国可持续发展战略报告》

我们确信，解决发展中国家就业问题最根本也是最有效的手段，是努力纠正目前的发展战略偏向城市的倾向。

——埃德加·O. 爱德华兹，《发展中国家的就业》

单就发展理论本身而言，其实并无多大价值，除非将它们应用于实际，除非它收到了成效，除非它改善了人们的生活。

——刘易斯·T. 普雷斯顿（世界银行前行长）

向穷人的大方提供是对文明的真正检验。

——塞缪尔·约翰逊（Samuel Johnson）

与人口有关的目标及政策是文化、经济和社会发展的有机组成部分。

——1994 年联合国人口与发展国际大会行动纲领

必须把可持续性强调为发展的指导原则。

——布特罗斯·加利（联合国前秘书长）

当前的就业形势表现为资源的巨大浪费和人民经受的苦难达到无法容忍的程度。它已经导致劳工越来越被排斥在社会之外，越来越不平等……和一系列的社会弊端。

——国际劳工组织《1995 年世界就业报告》

目前全球经济复苏的最大挑战是失业问题。

——李籁思（渣打银行首席经济学家兼全球研究部主管）

如果在实际生活中，没有非自愿失业的存在，此种情况，我们称之为充分就业。摩擦的与自愿的失业，都与“充分就业”不悖。

——J. M. 凯恩斯（宏观经济学之父）

城市日益拥挤，城市失业稳步上升……“边缘人”，即城乡结合部为生存而挣扎的不幸者，其人数到 1990 年达到了 20 亿。我们怎能想象人类秩序能在如此一大堆的不幸状况下维持下去呢？

——罗伯特·S. 麦克纳马拉（世界银行前行长）

当通货膨胀率高时，失业率低；当通货膨胀率低时，失业率高。

——W. 菲利普斯（新西兰经济学家）

劳动力需求的水平，在动态意义上主要决定于经济增长。经济增长速度快，对劳动力的需求量相对较大，就业岗位增加，就业水平高，失业率低；经济增长速度慢，对劳动力的需求量相对较少，就业水平低，失业率高。

——阿瑟·奥肯（美国经济学家）

第三世界之所以重要，是由于它们的普遍贫困。

——朱利安·韦斯特

20 世纪的未了之事是消除贫困。

——圣索玛雅亚，1995 年联合国世界社会发展首脑会议外国援助必须和普遍公认的政策目标相联系——尤其与消除贫困的战略计划相联系。

——联合国《1994 年人类发展报告》

一个没有社会正义，而且也无意于争取社会正义的社会是把它自己的前途置于危险之中。

——教皇约翰·保罗二世，1980 年

世界许多地方都能目睹一种新现象——无就业的增长。即使当产出增长时，就业的增长也大大落后。

——联合国开发计划署《1993 年人类发展报告》

欠发达国家当今的增长状态，同发达国家进入现代经济增长的前夕相比，在很多方面都有着显著的差别。

——西蒙·库兹涅茨（1971 年诺贝尔经济学奖获得者）

如果世界人口的增长、工业化和对自然资源的剥削持续下去的话，在下个世纪，增长的极限就会被达到。

——丹尼斯·L. 梅多斯，《增长的极限》

在经济增长的公路上，要确定合理的车速，不要一会儿不断踩油门，一会儿不停踩刹车。

——孙建林（中信银行信贷管理部总经理）

经济增长问题对人类福利的影响简直令人吃惊：一旦开始考虑这些问题，就很难再考虑其他任何问题。

——罗伯特·卢卡斯（1995 年诺贝尔经济学奖获得者）

（20 世纪）90 年代最重要的挑战……必定集中于世界不断增长的相互依存和整合的环境中。

——联合国《国际经济合作宣言》，1990 年

经济增长就是技术进步。

——罗伯特·索洛（1987 年诺贝尔经济学奖获得者）

如果增长没有被转化到人民生活中，它的意义何在？

——联合国《1995 年人类发展报告》

经济增长是为向本国人民提供日益多样化的经济物品的能

力的长期增长，这种不断增长的能力以技术进步以及所要求的制度和意识形态的调整为基础。

——西蒙·库兹涅茨，《论经济增长理论》

为增长而增长，乃癌细胞生存之道。

——爱德华·艾比（Edward Abbey）

今天，我们越来越多地求助于行政控制，越来越少地接受交易。这种不幸的状态意味着，任何一个懂得政府行动越少、成就将越多的政党，都将在政治上获得巨大而可喜的发展机会。

——理查德·A. 爱泼斯坦（Richard A. Epstein，美国法学教授）

一般说来，政府的艺术就在于，从一个公民阶级中拿走尽可能多的钱，把它给予另一个阶级。

政府既需要牧羊人也需要屠夫。

——伏尔泰（Voltaire，1694—1778，法国启蒙思想家）

即使是最廉洁的政府也不可避免地存在着弊端，而最腐败的政府则令人无法忍受。

——托马斯·潘恩

不受监督的权力，必然产生腐败。

——薄一波

浪费和贪欲阻碍了服务的真正实现。

——亨利·福特

政府应该运用政治经济学来为所有的人管理全民财产的利益；它应当设法维持秩序，使富人和穷人享受到丰衣足食的安宁的生活，这种秩序不许国家里有任何人受苦，不许有任何人为自己的将来感到忧虑，不许有任何人不能以自己的劳动获得本人和自己的家庭所需的衣、食、住；要使人的生活变成一种享受，而不是一种负担。

——让·西斯蒙第，《政治经济学新原理》

政府不是喂养于天国、产奶于大地的母牛。

——路德维格·艾哈德（德国经济部长），1957 年

视现存的政府为所有经济活动的全知全能的保护者是错误的。但是，认为被利益集团收买的现政府已不可救药，从而对解决建立恰当政治经济秩序的问题丧失信心，也是不正确的。政治秩序与经济秩序的相互依赖性迫使我们要同时解决它们。它们是同一整体秩序的组成部分。没有竞争秩序，就不会有能起作用的政府；而没有这样一个政府，也不会有竞争秩序。

——沃尔特·奥肯，《经济政策原理》，1952 年

如果任何一位企业领袖仍然认为政府是他的朋友的话，那他真是太天真了！

——魏特彭教授（里根总统的第一任首席经济顾问）

理论的和实证的研究都提出了这样的问题：政府管制究竟在多大程度上能够实现既定的目标，而且正是为了这些目标才颁布管制措施的。

——斯蒂芬·布雷那，保尔·麦克韦，《管制与放松管制》，1987 年

政府的失败既可能是由于它做得太少，也可能是由于它做得太多。

——威廉·阿瑟·刘易斯

政府的职责范围必须具有限度。它的主要作用必须是保护我们的自由，保护秩序，保证私人契约的履行，扶植竞争市场。

——米尔顿·弗里德曼，《资本主义和自由主义》

宪法的目标是在个人权利的汪洋大海中界定政府权力之岛。

——威廉·尼斯卡宁，《公共选择与宪法经济学》，1998 年

需要重新推崇国家在发展中国家经济生活中的作用……不是由于强硬的意识形态干预，而是由于灵活可行的实用主义的考虑。

——曼莫罕·辛格（南方委员会总干事），1989 年

对社会中的每个产业来讲，国家要么是一种可能的资源，

要么是一种威胁。国家凭借其权力，收取或给予货币，可以并的确有选择地帮助或伤害了许许多多的产业。

——G. 斯蒂格勒，《经济管制理论》，1971 年

国家是社会在一定发展阶段上的产物；国家是表示：这个社会陷入了不可解决的自我矛盾，分裂为不可调和的对立面而又无力摆脱这些对立面。而为了使这些对立面、这些利益相互冲突的阶级不至于在无谓的斗争中把自己和社会消灭，就需要有一种表面上凌驾于社会之上的力量，这种力量应当缓和冲突，把冲突保持在“秩序”的范围以内；这种从社会中产生但又居于社会之上并且日益同社会脱离的力量，就是国家。

——《马克思恩格斯选集》第四卷

国家并不是从来就有的。曾经有过不需要国家，而且根本不知国家权力为何物的社会。在经济发展到一定阶段而必然使社会分裂为阶级时，国家就由于这种分裂而成为必要了。

——恩格斯

国家在经济部门中有其作用。经济活动，尤其是市场经济中的活动，不可能在一个制度、司法和政治真空里进行。相反，它以受切实保障的个人自由和私人产权，以及稳定的货币和有效的公共服务为前提条件。因此，国家的首要任务是保护这样的安全，从而使那些从事工作和生产的人都能享有其劳动的成果，并因此而受到鼓励去诚实而高效率地工作。

——教皇约翰·保罗二世，《百年献辞》（Centesimus Annus），1991 年

国家行为的本质就是通过暴力的使用或暴力的威胁强迫人们，使得人们不能按照自己自由的愿望行事。

——路德维希·冯·米赛斯，《总体经济》

在这个世界上，平等地待人和试图使他们平等这两者之间的差别总是存在。前者是一个自由社会的前提条件，而后者则像 D. 托克维尔描述的那样，意味着“一种新的奴役方式”。

——弗·冯·哈耶克，《个人主义与经济秩序》

一个民族的富强之路是建立在个体的平等和自我决定的基础上的，未来的发展取决于公民被培养为独立思考的人的程度。

——约翰·斯图亚特·穆勒，《政治经济学原理》

在一个本身就有结构的整体的各个有机部分或亚群体之中，发展是通过有机群体之间的动态冲突，即与“纯”辩证法规律相反的作用和反作用而辩证地发生的，这种作用和反作用并不会导致一个亚群体毁灭另一个亚群体，而是在动态不平衡条件下把二者改造成一种新的结构，这种新结构是两种原初结构冲突的结果。

——弗朗索瓦·佩鲁（Francois Perroux，1903—1987，法国经济学家）

由计划经济的第一位倡导者提出的计算，实质上并不能为这样一种体制中的计划当局不得不解决的问题提供一个合理的解决办法……资本的合理使用和资本的保存，只有在以交换和货币的使用为基础的制度中才能得到保证……由于在完全社会化的体制中不可能进行合理的计算，这样造成的浪费可以严重到这种地步：不可能维持人口密度更高国家目前人口的生存。

——马克斯·韦伯

我们赖以生存的经济社会之所以会存在突出的问题，一方面是由于不能提供充分就业，另一方面则是因为武断而又不公平的财富和收入的分配。

——J. M. 凯恩斯，《就业、利息与货币通论》

为了维持这种公共权力，就需要公民缴纳费用——捐税……随着文明时代的向前进展，甚至捐税也不够了，国家就发行期票借债，即发行公债。

——马克思，《马克思恩格斯全集》

（公共物品）对任何个人不会产生突出利益。

——休谟（对公共物品的定义）

每个人对这种物品的消费，都不会造成他人对该种物品消费的减少。

每个人对这种物品的消费，不需要从其他人对它的消费中扣除。

公共物品是指那种不论个人是否愿意购买，都能使整个社会每一成员获益的物品。

公共物品是指能将效用扩展于他人的成本为零，并且无法排除他人参与共享的一种商品。

公共物品是这样一些产品，不论每个人是否愿意购买它们，它们带来的好处不可分开地散布到整个社区里；相比之下，私人物品是这样一些产品，它们能分割开并可分别地提供给不同的个人，也不带给他人外部的收益或成本。公共物品的有效率的供给通常需要政府行动，而私人物品则可以通过市场有效率地加以分配。

——保罗·萨缪尔森（对公共物品的定义）

来自公共物品的效益涉及对一个人以上的不可分割的外部消费效果。公共物品常常要求集体行动，而私有物品则可以通过市场被有效率地提供出来。

——保罗·萨缪尔森

公共物品是公共经济学的经典主题，而且由于种种原因，它与政治经济学密切相关。

我们可以想象这样一种物品，一个人对它的消费不会以相同的数量减少另外一个人对它的消费。

公共选择理论指出，公共物品提供理论是一种政府理论，其本质的观点是政府建立的原因就在于提供公共物品。

——阿伦·德雷泽

在任何社会生产（例如，自然形成的印度公社，或秘鲁人较多是人为发展的共产主义）中，总是能够区分出劳动的两个部分，一个部分的产品直接由生产者及其家属用于个人的消费，另一个部分即始终是剩余劳动的那个部分的产品，总是用来满足一般的社会需要，而不问这种剩余产品怎样分配，也不问谁执行这种社会需要的代表的职能。

——马克思，《资本论》

公共服务的提供是重要的，却没人感兴趣，因为这些服务的提供，并不必然自动地获得适当的报酬。

——J. 穆勒

任何物品，如果一个集团 x_1，或 x_i，或 x_n 中的任何个人 x_i 都能够消费它，它就不能适当地排斥其他人对该产品的消费。

——奥尔森（对公共物品的定义）

任何集团或社团因为任何原因通过集体组织提供的商品或服务，都将被称为公共产品。

——J. 布坎南（对公共物品的定义）

以资源利用的决定为转移并以私人需要与公共需要之间的区别为基础。这种区别是我们所关心的，因为这是财政职能的核心。

——理查德·A. 马斯格雷夫（美国财政学家）

平等和效率（的冲突）是最需要加以慎重权衡的社会经济问题，它在很多的社会政策领域一直困扰着我们。我们无法按市场效率生产出馅饼之后又完全平等地进行分享。

争取效率就是要合理配置资源，增加国民收入；而争取平等则是将富人的一部分收入转移给穷人，实现收入的均等化；只有二者兼顾，才能增进整个社会的福利。

——阿瑟·奥肯，1975 年

经济政策制定者是否永远要全力以赴地追求经济效率？并不尽然，因为效率并非唯一的衡量经济成果的指标。人们同样关心公平或平等的问题。平等与效率之间存在着一种典型的消长关系。促进平等的政策经常是以经济效率上的损失为代价的，反之亦然。

——克鲁格曼，威尔斯，2005 年

公平是对追求长期繁荣的补充。更大的公平双倍地有利于贫困的消减。它倾向于偏爱持续性的整体发展，并且把增长的机会派送给最贫穷的社会群体。

——弗朗索瓦·布吉尼翁（世界银行首席经济学家），2005 年

社会的不公正就是对民众的大规模屠杀。

——世界卫生组织，《民众健康的社会义务》（CSDH），2008 年

第三章 关于财政支出和财政收入

政府以税收、国债、国有资产收益、收费等形式筹集财政收入，用于政府的各项经常性和建设性支出。其中，税收是政府财政收入的最主要来源，而农业、教育等则应当是财政投入的重点。

国家的收入是每个公民所付出的自己财产的一部分，以确保他所余财产的安全或快乐地享用这些财产。

要把国家的收入规定得好，就应该兼顾国家和国民两方面的需要。当取之于民时，绝对不应该因为国家想象上的需要而排除国家实际上的需要。

——孟德斯鸠

生而自由……纳税至死。

——佚名

判断规则的改变是否有效的标准是一致性原则，也就是这个新规则是否有效，取决于社会全体成员的一致通过。

——威克赛尔

一种提供适当个人刺激的有效的产权制度是促进经济增长的决定性因素。

——道格拉斯·诺斯

公共选择理论可以定义为非市场决策的经济研究，或者简单地定义为把经济学应用于政治科学。公共选择的主题与政治科学的主题是一样的：国家理论，投票规则，投票者行为，政党政治学，官员政治，等等。

公共选择是政治上的观点，它以经济学家的工具和方法大量应用于集体或非市场决策而产生。

——詹姆斯·布坎南（James M. Buchanan，美国经济学家，1986年诺贝尔经济学奖获得者）

公共选择只是明确提出公共经济一般理论的一种努力，它可以帮助我们在集体选择方面从事人们长期以来的市场微观经济学方面所做的事情，即用一种相应的尽可能合适的政治市场运转理论来补充商品或服务的生产与交换的理论。该理论是这样一种尝试。它要建立模拟今天社会行为的模式，其特点是：根据个人是在经济市场还是在政治市场活动，采取不同方式处理人类决定的过程。一切传统模式都把经济决定视为制度的内在变化，而把政治决定视为外在因素，人们拒绝就这些外因的规律及其生产进行探讨。在这种情况下，公共选择理论的宗旨却是把人类行为的两个方面重新纳入单一的模式，该模式注意到：承担政府决定的结果的人就是选择决策的人。

——詹姆斯·布坎南，《公共选择论》（与托里松合编）

公共选择是政治上的观点，它把经济学家的工具和方法大量应用于集体或非市场决策而产生……它是观察政治制度的不同方法。

——詹姆斯·布坎南

公共选择理论可以定义为非市场决策的研究，或简单地定义为将经济学运用到政治科学。

——穆勒（Dennis C. Muller）

财富与民主化之间关系密切，“39个低收入国家中，被评为自由国家的只有2个，占5%；58个中等收入国家中，被评为自由国家的为14个，占26%；19个发达国家，已全部民主化，为100%”。

——李普赛特，1970年

如果产权构造使人们值得从事社会生产活动，就会出现经济增长……政府应负责保护和强制执行产权，因为它们承担这项职能的成本比私人自愿集团的成本要低。然而，对政府的需要有可能会诱发保护一些妨碍增长而不是促进增长的产权。因此，我们没有办法保证生产性的（productive）制度安排一定会出现。

——道格拉斯·C. 诺斯，罗伯特·P. 托马斯，《西方世界的兴起》，1973年

经济增长的主要原因归结于在人口对稀缺资源赋予的压力增加时，那些支配产权的规则的制度发生了变迁。

——道格拉斯·诺斯，《西方世界的兴起》

市场交换的先决条件是界定明确的产权，这一点应该成为我们理解市场经济本质的出发点。当我们走进市场经济的“内核”时，我们应该明确它的“核心”是确定的、可交易的产权结构。

——张五常

基础设施（指生产型、生活共用设施的硬件建设）投资每增加1%，区域的GDP将被拉动提升1%。

——世界银行《1994年世界发展报告》

浪费公共财富是对公民的一种犯罪，轻视人民日常生活的俭朴和节约，会令人痛惜地削弱和销蚀我们民族的力量和优良的品质。

——格罗弗·克利夫兰（1893年3月4日总统就职演说）

如果我们允许你们把手放进别人放钱的抽屉里，那么，在政治上我们就完了。我们就会被人民大众唾弃。

——李光耀

腐败的成本与收益比例为3：100；世界银行认为，腐败平均使国家的GDP下降0.5%。

——联合国2000年发布的统计数据

经济增长与投资的弹性关系是：投资每增长1%，对于经济的作用为0.42%，拉动经济增长为1.5个百分点。

——文魁，《首都经济研究报告》，2003年

用来对未来经济预测研究的资金投入与取得的经济效益之比为1∶50，换句话说，你投入1美元来研究未来经济走势，你将获得50美元的收入。

——辛向阳，《未来经济学》，1994年

根据我们的测算，不同支持方式对农业GDP将产生不同的影响。在政府的农村公共投资中，对科技的每1元投资可增加农业GDP9.59元，对教育的每1元投资可增加农业GDP3.71元，对道路投资可增加2.12元，对通讯投资可增加1.91元。而不同支持方式对粮食生产能力的影响中，灌溉投资的回报率最高，每1元灌溉投资可增加粮食5.56千克，对科技的每1元投资可增加粮食4.41千克。

——钱克明，《人民日报》，2005年2月7日第六版

新中国成立50多年来，我国的GDP增长了大约10倍，同时矿产资源消耗增长了40倍，固定资产投资长期保持较高的增长水平。现在每增加1元GDP需要投资5元，而在“六五”、“七五”时期，投资2元就可以增加1元的GDP。

——马凯，《新京报》，2004年3月22日

三分之二的房子应由政府提供，把交通方便的地段留下来给老百姓盖房子。富人有钱，可以把高档房建到郊区去，坐奔驰、宝马去他的住房。

——龙永图

经济发展长期斗争的成败取决于农业部门。

——贡纳尔·缪尔达尔（1974年诺贝尔经济学奖获得者）

替代效应是指商品的相对价格变化后，而令消费者实际收入不变情况下所引起的需求量的变化。

——约翰·希克斯

发展和创造就业机会的重担，必将由农业活动占主导地位的那部分经济即农业部门来承担。

——弗朗西斯·布兰查德（国际劳工组织总干事）

改造传统农业的出路，就在于寻找一些廉价的新生产要素作为经济增长的源泉。

——西奥多·舒尔茨，《改造传统农业》

农业生产是我们经济建设工作的第一位。

——毛泽东

在现代化经济中，知识正成为真正的资本与首要的财富。

——彼得·德鲁克（现代管理学之父）

知识是比原料、资本、劳动力更重要的经济因素。

——瑞斯查德（世界银行副行长）

学校在许多不发达国家既是不发达的反映，又是不发达的结果。不发达造成了学校质量低劣和数量不足，但是，真正严重的危险是，不发达国家的学校有可能逐渐成为不发达恶性循环中的一个环节。

——约瑟夫·凯泽伯（布基纳法索前教育部长）

人力资本不仅仅来自于学校教育，它还来自于个人的经验、创造力等等。

——罗伯特·卢卡斯（1995年诺贝尔经济学奖获得者）

通过增加人力资源影响未来货币和心理收入的活动，这些活动被称为人力资本投资。这种投资包括正规学校教育、在职培训、医疗保健、迁移以及收集价格与收入信息等多种形式。

——加里·S. 贝克尔，《人力资本》

劳动者成为资本拥有者，不是公司股票的所有权扩散到民间，而是由于劳动者挖掘了具有经济价值的知识和技能。

——西奥多·舒尔茨（1979年诺贝尔经济学奖获得者）

对人民投资，如果这样做是正确的话……将为持续发展提供最坚实的基础。

——世界银行《1991 年世界发展报告》

企业最大的资产是人。

——松下幸之助（“松下电器”创始人）

经济好的时候，输入增多，导致逆差增多。因此，一位美国州长讽刺财政部长：“你告诉我们逆差之所以这么糟是由于经济好——当经济由好变成不好时，糟的就会逐渐不糟了。”

落后国家与先进国家产品的一个重要分野是前者是劳动密集，后者是智慧密集。

劳力的多寡取决于人口数量，智力的消长取决于人力素质。

任何一位伟大的企业家，血液中总流有一些理想。

——威尔逊（美国前总统）

在欠发达国家，资本收益在个人收入中处于支配地位，人力资本报酬处于次要地位。在现代高收入国家（特别是美国），工资和薪金收入在个人收入中的地位越来越重要，土地与资本收入越来越下降。

——西奥多·舒尔茨

所有的日常活动中不注意效率的行为都在使整个国家资源遭受巨大损失，而补救低效能的办法不在于寻求某些出众或是非凡的人，而在于科学的管理。

——泰勒

生产率不等于一切，但长期看它几乎意味着一切。

——保罗·克鲁格曼，1990 年

……在大繁荣和大萧条中……两个起了坏作用的因素是债务混乱和物价水平混乱。

——阿尔文·费雪

好牧羊人的职责是剪羊毛，而不是扒羊皮。

——提布瑞思·恺撒

税收的合法性取决于其实质，而不是其名称。

——本杰明·N. 卡多佐

通货膨胀是一种无须立法的税收。

——米尔顿·弗里德曼

作为公民，你有义务纳税，同时你也必须了解你作为纳税人的权利。

——唐纳德·C. 亚历山大

我们都清楚较高税收和资金转移会消减生产力这种观点，然而它缺乏统计学和历史依据的支持，这同样是显而易见的。

——彼得·林德

税收与你获得的收益如影随形。

——爱默生

官吏和僧侣，士兵和女舞蹈家，教师和警察，希腊式的博物馆和哥特式的尖塔，王室费用和官阶表，这一切童话般的存在物，早在胚胎时期，就已经安放在一个共同的种子——捐税之中了。

——马克思

赋税是政府机器的经济基础。

——《马克思恩格斯全集》第十九卷

税收是国家的主要支柱。

——西塞罗

征收不必要的税是合法的抢劫。

——加尔文·库里奇

征收个人所得税导致的结果是：收入相同的前提下，正直者将纳更多的税，而不正直者将纳更少的税。

——爱因斯坦

世界上最令人费解的是如何理解个人收入所得税。

——柯立芝（Calvin Coolidge，美国前总统）

世界上最难理解的是所得税。

——爱因斯坦

税务员和动物标本剥制工的唯一区别是：后者会留下动物的皮。

——柏拉图

纳税是为权利受保护而付费。

——詹姆士·韦恩

避税可能合法，但不道德。

——劳德·邓宁

任是深山更深处，也应无计避征徭。

——杜旬鹤

最令人气愤的是要比自己的邻居多缴税。

——威廉·配第

税收这种技术，就是拔最多的鹅毛，听最少的鹅叫。

——哥尔柏

通货膨胀是一种税。而且这种税比我们的立法者所制定的任何税种都更具毁灭性。通货膨胀税具有可怕的消耗资本的能力。

——巴菲特

纳税原则本质上是纯共产主义的原则，因为一切国家的征税的权力都是从所谓国家所有制来的。的确，或者是私有者神圣不可侵犯，这样就没有什么国家所有制，而国家也就无权征税；或者是国家有这种权力，这样私有制就不是神圣不可侵犯的，国家所有制就高于私有制，而国家也就成了真正的主人。

——马克思、恩格斯，《马克思恩格斯全集》

大多数支持关税的论点只是将某些利益集团的特殊利益合理化，但经不起经济学的分析。

——萨缪尔森，《经济学》

比逃税更加重要的是合法的规避赋税，原因在于议会制定的法规中有许多“漏洞”，听任大量的收入不上税或以较低的税率上税。

——萨缪尔森

销售税是对购物的自由征税。

——费利克斯·法兰克福

税收应与个人每年分享的数额相称。

——托马斯·杰弗逊

避税与逃税的区别就是监狱围墙的厚度。

——丹尼斯·黑勒

税收如母亲，经常被误解，但很少被遗忘。

——劳德·布兰威尔

退税是唯一值得花上脑力追求的目标，因为能带来回报。

——凯恩斯

税收上的任何特权都是不公平的。

——伏尔泰

我就我的收入纳税，这是我生命中最重要的事，让我感到无上荣光。

——马克·吐温

纯粹的经济学表明，关税保护必然导致财富的消失。

——菲尔弗雷多·帕累托（意大利经济学家）

倬彼甫田，岁取十千。

——《诗经·小雅·甫田》

禹别九州，随山浚川，任土作贡。

——《尚书·禹贡》

施取厚，事举其中，敛从其薄。

——《左传·哀公十一年》

轻税租，薄赋敛，不足恃也。

——《管子·立政》

赋敛厚，则下怨上矣。

——《管子·权修》

取于民有度，用之有止，国虽小必安；取于民无度，用之不止，国虽大必危。

——《管子·权修》

均地分力，使民知时也。

——《管子·乘马》

不均之为恶也：地利不可竭，民力不可殚。不告之以时而民不知，不道之以事而民不为。

——《管子·乘马》

税敛重，故民心离；市买悖，故商旅绝。

——《晏子春秋·内篇问上》

百姓足，君孰与不足？百姓不足，君孰与足？

——《论语·颜渊》

民之饥，以其上食税之多，是以饥。

——《老子》第七十五章

以其常役，修其城郭，则民劳而不伤；以其常正，收其租税，则民费而不病。

——《墨子·辞过》

禄厚而税多、食口众者，败农者也。则以其食口之数赋而重使之，则辟淫游惰之民无所于食 。

——《商君书·垦令》

重关市之赋，则农恶商，商有疑惰之心。农恶商，商疑惰，则草必垦矣。

——《商君书·垦令》

不农之征必多，市利之租必重。

——《商君书·外内篇》

苛政猛于虎也。

——《礼记·檀弓下》

市，廛（音“缠”）而不征，法而不廛，则天下之商皆悦而愿藏于其市矣。

——《孟子·公孙丑上》

关，讥而不征，则天下之旅皆悦而愿出于其路矣。

——《孟子·公孙丑上》

耕者，助而不税，则天下之农皆悦而愿耕于其野矣。

——《孟子·公孙丑上》

廛，无夫里之布，则天下之民皆悦而愿为之氓矣。

——《孟子·公孙丑上》

有布缕之征，粟米之征，力役之征。君子用其一，缓其二。用其二而民有饿殍，用其三而父子离。

——《孟子·尽心下》

轻田野之税，平关市之征，省商贾之数，罕兴力役，无夺农时，如是则国富矣。

——《荀子·富国》

王者之法，等赋，政事，财万物，所以养万民也。

——《荀子·王制》

勿轻勿重。重则利入于上，轻则利归于民。

——《韩非子·外储说右下》

省力役，薄赋敛，则民富矣。

——《孔子家语·贤君》

人主租敛于民也，必先计岁收，量民积聚，知饥馑有余不足之数，然后取车舆衣食供养其欲。

——《淮南子·主术训》

人主好高台深池、雕琢刻镂、黼（音“辅”）黻（音“福”）文章、希谷奇绣、宝玩珠玉，则赋敛无度而万民力竭矣。

——《淮南子·主术训》

夫国家之制赋税也，必先导以厚生之业，而后取其十一焉。

——陆贽，《均节赋税恤百姓第二条》

今彼征敛者，迫之如火煎。谁能绝人命，以作时世贤？

——元结，《贼退示官吏》

十万夫家供课税，五千子弟守封疆。

——白居易，《登阊门闲望》

美人梳洗时，满头间珠翠。岂知两片云，戴却数乡税。

——杜光庭，《富贵曲》

海人无家海里住，采珠役象为岁赋。恶波横天山塞路，未央宫中常满库。

——王建，《海人谣》

草市迎江货，津桥税海商。

——王建，《汴路即事》

苗疏税多不得食，输入官仓化为土。

——张籍，《野老歌》

数被官加税，稀逢亦有秋。

——白居易，《不如来饮酒》

典桑卖地纳官租，明年衣食将何如。

——白居易，《杜陵叟》

一丛深色花，十户中人赋。

——皮日休，《橡媪叹》

持之纳于官，私室无仓箱。如何一石余，只作五斗量。

——皮日休，《橡媪叹》

桑柘废来犹纳税，田园荒尽尚征苗。

——杜荀鹤，《山中寡妇》

无子无孙一病翁，将何精力事耕农。官家不管蓬蒿地，须勒王租出此中。

——杜荀鹤，《伤硖石县病叟》

父耕原上田，子劚山下荒。六月禾未秀，官家已修仓。

——聂夷中，《田家》

因民所急而税之则国用足。

——欧阳修等，《新唐书·食货志四》

无力买田聊种水，近来湖面亦收租。

——范成大，《四时田园杂兴》

轻徭薄赋，以宽民力。

——方勺，《青溪寇轨》

聚钱布金银于上者，其民贫，其国危。

——王夫之，《读通鉴论》

赋无厚薄惟其宜。

——严复

家门和顺，虽饔（音“拥”）飧（音“孙”。饔飧，指早饭和晚饭）不济，亦有余欢；国课早完，囊橐（音“陀”）无余，自得至乐。

——朱熹

财产收益占国民收入的比重，从 19 世纪中期的 20% ~40% 稍微有所上升，以后就下降，现在下降为 20%。同时劳动报酬占国民收入的比重迅速上升，原因是人力资本报酬上升。由此可见，中国资本收益高而人力资本报酬低，是一种典型的经济发展初期的特征。

——库兹涅茨

年轻一代是幸运的，因为他们将会继承国债。

——赫伯特·胡佛（Herbert Hoover，美国第 31 届总统）

发展中国家里许多重债国的问题是引起经济上与政治上关注的根源，因其能威胁到世界的稳定。

——“七国集团”《工业国宣言》，1988 年

随着信用赖以建立的信任的扩展，每一个人必须随身保持以备紧急之需的小额资本，现在都可利用于生产的用途……就促成了社会生产总额的相应的增加……信用除必然使一国总资本成为生产的资本以外，还能使一国的产业人才能转用于生产的目的……以使其事业才干能有助于公共财富的增加。

——约翰·斯图亚特·穆勒，《政治经济学原理》

殖民制度以及它的海外贸易和商业战争是公共信用制度的

温室。

——马克思，《资本论》第一卷

在现代的政治气候中，通过公共借款（国债）而得到的很大部分资金将可能被用来满足预算亏空（赤字）的需要，而且开支的最大份额也是直接地或间接地被运用在消费方面。

——詹姆斯·布坎南，《赤字中的民主》（与瓦格纳合著）

一般来说，国家巨额负债会减少一个国家的潜在经济增长率，因为它会导致私人资本的流失，并导致征税的无效率性增加，且迫使一个国家削减消费以偿付外债。

——保罗·安东尼·萨缪尔森，《经济学》

出色的国债操纵以稳定货币为主要任务，从而实现财政支出的最低。

——詹姆斯·托宾，《负债与国债政策原理》

财政的支出，应该根据节省的方针。

——毛泽东

第四章　关于国家预算

国家预算作为政府的基本财政收支计划，在整个财政体系中处于财政分配主导环节。

一个国家的治理能力在很大程度上取决于它的预算能力。

——希克（Schick，著名预算专家），1990 年

计划的制订比计划本身更为重要。

——戴尔·麦康基（Dale McConkey）

计划者不是要进行计划，而是要通过发挥促进、催化、研究、教育以及协调作用而使计划过程更为有效地进行。

——A. 哈克斯，N. 马耶罗夫（A. Hax and N. Majluf）

如果我们能预先知道我们现在所处的地位和走向，我们就能更好地判断应该做些什么和怎样做。

——亚伯拉罕·林肯

谋定而后动，知止而有得。

（释义：谋划准确周到而后行动，知道在合适的时机收手，会有收获。）

——《孙子兵法》

宜未雨而绸缪，毋临渴而掘井。

——朱熹

国家之编制预算，固以收支合适为原则。然或因收入之量，过于所期，或因支出之额，不及所计，至年度告终整理完毕之后，国库剩有余金者，各国所习见之事也。

——马寅初

预算不是一个钱柜，而是一个洒水器：它抽上来又洒出去的水越多，国家就越繁荣。

——巴尔扎克

然后制国用，量入以为出。

——《礼记》

凡百役之费，一钱之敛，先度其数而赋于人，量出以制入。

——杨炎（宰相、理财家）

改革财政，实行国家预算。

——光绪《明定国是诏书》（戊戌变法），1898 年

凡事预则立，不预则废。

（释义：做任何事情，事先谋划准备就会成功，否则就要失败。）

——《礼记·中庸》

言前定，则不跲；事前定，则不困；行前定，则不疚；道前定，则不穷。

——《礼记·中庸》

第五章 关于财政平衡和财政政策

国家对宏观经济进行调控的一个重要方式就是通过出台一定的财政政策（与货币政策相配合），从而实现社会总量的平衡，最终实现经济增长，提高人民生活水平。

凯恩斯主义的政策，首先体现为宏观经济政策对实际经济目标所做出的显著贡献，尤其对实现充分就业和国民收入实际增长这样的目标；其次，凯恩斯主义者要求积极主动的管理；最后，凯恩斯主义者希望将财政政策和货币政策紧密结合起来，共同促进宏观经济目标的实现。

——詹姆斯·托宾，《十年来的新经济学》

人们的生产超过自己的消费越多，他们对国家越有益。

——魁奈

稳定经济的任务，要求我们能够控制住经济使之不至于偏离持续高就业之路太远。就业率过高将导致通货膨胀，而过低又意味着衰退。灵活审慎的财政政策和货币政策，能够帮助我们在这两条路中间穿过一条“狭窄的通道”。

——约翰·肯尼迪总统，1962 年

自由的企业造就了这个国家，但自由贸易将使其毁灭。五年来，我一直在呼吁对所有进口品均征收 20% 的关税。我们要立即采取这样的行动，否则我们的工业基础将被侵蚀弱化到这样一种程度，即使发生了战争，我们也不能够生产出东西来保护自己。我们的人民将无家可归，因为我们正在出口工作机会并进口外国人的福利。

——June M. Collier, President, National Industries, Inc., 1985 年

浪费总是惹我烦恼。

——雷特·巴特勒（Rhett Butler），《飘》

在我们日常生活的痛苦中，我们每个人都是国际状况罪恶影响的见证者，这种情况并非我们所创却被加在我们头上，使我们成了资本的净输出方。在拉丁美洲，我们被要求进行调整，而这种调整是发达国家绝对不愿在它们的经济中实施的。

——何塞·萨拉尼（巴西前总统），1987 年

供求实际上从来不会一致；如果它们达到一致，那也只是偶然现象，所以在科学上等于零，可以看成没有发生过的事情。

——马克思

增加储蓄会减少国民收入，使经济衰退，是恶的；而减少储蓄会增加国民收入，使经济繁荣，是好的。

——J. M. 凯恩斯（宏观经济学之父）

土豆的需求量随着价格一起节节攀升。

——罗伯特·吉芬

每当经济不景气的时候，口红的销量就会明显上升。

——佚名

当口红销售上扬的时候，就是大家不想买衣服的时候。

——兰黛

在有些情况下，如果我们不以国际经济的眼光来探讨政策问题的话，我们告诉学生的就会是一些“错误”的答案。

——约瑟夫·斯蒂格利茨（Joseph E. Stiglitz）

税收政策要能有效地影响实际收入，其唯一办法在于改变对供应者的刺激。用改变报酬的方式来使人们喜欢工作胜过闲暇，乐意投资胜过消费，使生产源泉胜过财富的洼坑，并使纳

税活动胜过不纳税的活动，这样政府就能直接而有力地促进真正的需求和收入的扩大。这就是供给学派的使命。

——乔治·吉尔德，《财富与贫困》

造成美国经济复苏缓慢的原因，首先是严重的金融危机本身带来的影响，其次是财政政策和货币政策的失误。

——加里·S. 贝克尔（Gary S. Becker 论美国经济复苏远未达到可接受水平）

在固定汇率制下实行财政政策和在浮动汇率制下实行货币政策都是有效的。而在固定汇率制下实行货币政策和在浮动汇率制下实行财政政策则是无效的。

——罗伯特·蒙代尔（被称为“欧元之父”，1999 年诺贝尔经济学奖获得者）

即使金融市场平静下来后，危机对经济增长、失业和生活水平等的打击，还会继续下去。

——保罗·克鲁格曼（2008 年诺贝尔经济学奖获得者）

短期中的现实世界正经历一次又一次的危机，所有问题都一针见血地涉及需求不足。

——保罗·克鲁格曼

推动美国经济复苏，首先是改革税收结构，将个人和企业所得税税率进一步下调，以刺激消费支出；其次是保证财政开支处于可控状态。

美国并非仅仅面临结构性失业，政府的救济期限延长也是长期失业率激增的主因。

——加里·S. 贝克尔（Gary S. Becker 论美国经济复苏远未达到可接受水平）

再好的政策，只有落实到怎么对人的行为产生积极作用，才具有现实意义。

——樊纲

宏观调控应该是一个中性概念，它不等同于紧缩，更不是全面紧缩。

——刘国光

在国内产能过剩和国际金融风暴的冲击下，我国要刺激经济，仅仅靠简单的基础设施投资无法实现。只有通过刺激消费需求，把众多中小企业救活，才能取得长期效果。

——郎咸平

第六章　关于理财

学习财政学，不但要深入了解政府是如何理财的，更重要的是你要学会自己理财。

你不理财，财不理你。

——佚名

量入以为出。

——《礼记·王制》

蓄积者，天下之大命也。

——贾谊

用于国有节，取于民有制。

——苏轼

善理财者，不加赋而国用足。

——王安石

俭则伤事，侈则伤货。

——《管子·乘马》

财者，为国之命而万事之本。国之所以存亡，事之所以成败，常必由之。

——苏辙

地诚任，不患不财。

（释义：土地被真正利用起来，就不怕没有财源。）

——《商君书·错法》

凡治国之道，必先富民。民富则易治也，民贫则难治也。奚以知其然也？民富则安乡重家，安乡重家则敬上畏罪，敬上畏罪则易治也。民贫则危乡轻家，危乡轻家则敢凌上犯禁，敢凌上犯禁则难治也。故治国常富，而乱国常贫。是以善为国者，必先富民，然后治之。

[释义：大凡治理国家的方法，必须首先使百姓富裕起来。百姓富裕就容易统治，百姓贫穷就难以统治。凭什么知道是这样的呢？百姓富裕就能安心地生活在家乡并且重视自己的产业，安心地生活在家乡并且重视自家的产业就尊敬官吏害怕犯罪，尊敬官吏害怕犯罪就容易统治。百姓贫穷就不安心生活在家乡，并且轻视自家的产业，就敢于冒犯官吏违犯法令，冒犯官吏违犯法令就难以统治了。所以太平无事的国家中（百姓）长久富裕，动乱多事的国家中（百姓）长久贫穷。因此，善于治理国家的人，必须首先使百姓富裕起来，然后（才能）统治他们。]

——《管子》

理财常以养民为先。

——刘晏

生财有大道，生之者众，食之者寡，为之者疾，用之者舒，则财恒足矣。

——丘浚

因天下之力，以生天下之财；取天下之财，以供天下之用。

——王安石

藏富于民。

——孔丘

强本而节用，则天不能贫。

——荀况

明主必谨养其和，节其流，开其源，而时斟酌焉。

——荀况

善赋民者，譬植柳乎，薪其枝叶而培其本根。不善赋民者，譬剪韭乎，日剪一畦，不罄不止。

——魏源

治国之道，富民为始；富民之要，在于节俭。

（释义：治国的方法首先是使百姓富足，使百姓富足的关键在于节俭。）

——司马迁《史记·平津侯主父偃列传》

为政之道，以顺民心为本，以厚民生为本。

——《二程文集·卷五》

政之急者，莫大乎使民富且寿也。

——《孔子家语·贤君》

易其田畴，薄其税敛，民可使富也。

——《孟子·尽心上》

故王者富民，霸者富士，仅存之国富大夫，亡国富筐箧、实府库。筐箧已富、府库已实，而百姓贫，夫是之谓上溢而下漏，入不可以守，出不可以战，则倾覆灭亡可立而待也。

——《荀子·富国》

为民父母，使民盻盻然，将终岁勤动，不得以养其父母，又称贷而益之，使老稚转乎沟壑，恶在其为民父母也！

——《孟子·滕文公上》

大道之行也，天下为公。选贤与能，讲信修睦，故人不独亲其亲，不独子其子，使老有所终，壮有所用，幼有所长，矜、寡、孤、独、废、疾者，皆有所养。

——《礼记·礼运》

不务天时则财不生，不务地利则仓廪不盈。

——《管子·牧民》

善治财者，养其所自来，而收其所有余，故用之不竭，而上下交足也。

——司马光

俭，美德也；禁奢崇俭，美政也。

——魏源

以俭得之，以奢失之。

——《韩非子·十过》

自俭入奢易于下水，由奢返简难于登天。

——《曾国藩教子书》

不富无以养民情，不教无以理民性。

（释义：不使民众富裕就无法调养百姓的感情，不对百姓教化就无法改造整饬民众的本性。）

——《荀子·大略》

不念居安思危，戒奢以俭，德不处其后，情不胜其欲，斯亦伐根以求木茂，塞流而欲流长者也。

（释义：不考虑居安思危，戒除奢侈，提倡节俭，仁德积得不厚，性情不能战胜欲望，这就好像砍掉树根而希望树木长得茂盛，塞住源头而想使水流得长远一样。）

——吴兢《贞观政要》

历览前贤国与家，成由勤俭败由奢。

——李商隐《咏史》

廉者，民之表也；贪者，民之贼也。

——包拯《乞不用赃吏》

有钱是要用的，有钱不用等于没有钱。但该用的用，不挥霍不浪费，不小气不吝啬。

——袁隆平

投资不仅仅是一种行为，更是一种带有哲学意味的东西！

——约翰·坎贝尔

不进行研究的投资，就像打扑克从不看牌一样，必然失败！

——彼得·林奇

如果你不想持有一只股票十年，就不要持有它十分钟。

——巴菲特

最好的投资时机，是当所有人都恐慌退缩的时候。

——约翰·坦伯顿

投资者成功与否，与他是否真正了解这项投资的程度成正比。

——沃伦·巴菲特

每一个以亿为单位的数字的背后，除了艰辛的创业史外，还有自成体系的理财方式。

其实世界上没有传奇，只有不为传奇而努力；其实赚一亿并不难，难的是让理财方式适合自己。

——萧伯纳

我希望我的孩子们有足够的钱去干他们想干的事情，而不是因为有太多的钱而什么也不干。

假如我只需付出 40 美分就能买下一项价值 1 美元的生意，好事便近了。

当别人害怕时，你要变得贪婪。当别人贪婪时，你要变得害怕。

我们只是要在别人贪婪时恐惧，而在别人恐惧时贪婪。

借钱炒股，这是聪明人自取灭亡的最佳途径。

第一条：保住本金最重要。第二条：永远不要忘记第一条！

风险来自你不知道自己正在做什么！

——沃伦·巴菲特

承担风险无可指责，但同时记住千万不能孤注一掷！

错误并不可耻，可耻的是错误已经显而易见了却还不去修正！

——乔治·索罗斯

经验显示，市场自己会说话，市场永远是对的，凡是轻视市场能力的人，终究会吃亏的！

不要懵懵懂懂地随意买股票，要在投资前扎实地做一些功课，才能成功！

——威廉·欧奈尔

决定命运的，不是股票市场，也不是上市公司，而是投资者本人！

——约翰·奈夫

股市赢家法则是：不买落后股，不买平庸股，全心全力锁定领导股！

——威廉·奥尼尔

最好的投资时机，是当所有人都恐慌退缩的时候。

——约翰·坦伯顿

股市是谣言最多的地方，如果每听到什么谣言，就要买进卖出的话，那么即使钱再多，也不够赔。

——是川银藏

炒作就像动物世界的生存法则，专门攻击弱者，这种做法往往能够百发百中。

——乔治·索罗斯

如果你没有做好承受痛苦的准备，那就离开吧，别指望会成为常胜将军。要想成功，必须冷酷！

——乔治·索罗斯

股票市场最惹人发笑的事情是：每一个同时买和同时卖的人都会认为自己比对方聪明！

——费瑟

聪明的人懂得为未来做好准备，而且不会把鸡蛋放进同一个篮子内。

——塞万提斯（小说家）

股票市场波动印证的并不是事件本身，而是人们对事件的反应，是数百万人对这些事件将会如何影响他们的未来的认识。换句话说，最重要的是，股票市场是由人组成的。

——伯纳德·巴鲁克

赚钱好似针挑土，花钱犹如水推沙。

——中国谚语

第七章 各地财政税务部门网站宣传语(格言)

财政税务部门是为政府组织财政收入、安排财政支出的重要部门，它们的工作将决定政府理财的成效。

税收取之于民 用之于民 造福于民
为国聚财 为民收税
税收·发展·民生

——国家税务总局

运筹帷幄 点金未来
妙手理毫厘 丹心铸辉煌
廉洁自律 勤政为民

——北京市财政局

税收 发展 民生
取之于民 用之于民

——北京市国家税务局

调结构 惠民生 上水平

——天津市财政地税政务网

税收促进发展 发展改善民生
依法治税 服务民生
情系民生 关注税收
为国聚财 改善民生

——河北省国家税务局

解放思想　更新观念　执政为民　服务发展

站在新起点　发挥新优势　实现新跨越

依法诚信纳税　共创和谐社会

——石家庄市地方税务局

发挥财政职能　推动经济社会协调发展

提升理财能力　构建和谐社会

——山西省财政厅

税收　发展　民生

依法诚信纳税　共建和谐社会

——太原市地方税务局

敬业　善学　务实　进取

税收取之于民　用之于民　造福于民

税收·发展·民生

为国聚财　为民收税

——宁夏回族自治区国家税务局

深入贯彻落实科学发展观　为全省经济社会又快又好发展提供有力保障

——辽宁省财政厅

税收·发展·民生

依法诚信纳税　构建和谐社会

团结务实　开拓创新　秉公执法　文明服务

——沈阳市地方税务局

财会之家

——沈阳市财政局

理财为民　勤政为公

——大连市财政局

团结高效　求实创新

——内蒙古自治区财政厅

营造高效透明的政务环境

——乌鲁木齐市财政局

促进发展 保障民生 科学理财 加强监管

——浙江省财政厅

依法诚信使用发票 构建和谐征纳关系

像打击毒品犯罪一样打击发票犯罪

打击发票犯罪 维护税收秩序

——杭州财税网

税收取之于民 用之于民 造福于民

——杭州市国家税务局

促进和谐社会建设 发挥财税职能作用

法治 公平 文明 效率

聚财为国 执法为民

——宁波市财政税务局

为民理财创佳绩 创先争优 争做人民满意公务员

——福建省财政厅

税收·发展·民生

——福建省国家税务局

依法诚信纳税 共建小康社会

发挥税收职能作用 促进和谐社会建设

依法诚信纳税是每个公民应尽的义务

——福州市地方税务局

收入组织有方 公共保障有力 资源配置有效 监督管理有序

——厦门市财政局

税收·发展·民生

全民共建美好家园，你我共享文明成果

人人有社保，社会更和谐

——厦门市地方税务局

落实科学发展观 服务江苏两个率先

——江苏省财政厅

税收　发展　民生

税收取之于民　用之于民

为国聚财　为民收税

——江苏省国家税务局

为国理财　为民服务

推进科学理财　服务跨越发展

创新　博爱　务实　卓越

科学理财创先进　学习沈浩争先锋

——安徽省财政厅

为国聚财　为民收税

依法诚信纳税　共建和谐国税

——安徽省国家税务局

税收　发展　民生

征纳和谐　系统和顺　家庭和美

——安徽省地方税务局

税收促进发展　发展改善民生

业务引领治税　公平公正建队　公开透明谋事

提高能力素质　加快转型升级

——合肥市地方税务局

发展型财政　公共型财政　调控型财政　精细型财政　效能型财政

——江西省财政厅

税收·发展·民生

依法诚信纳税　共建和谐社会

服务科学发展　建设和谐国税

——江西省国家税务局

依法诚信纳税　共享祖国繁荣

税收促进发展　发展为了民生

——南昌市国家税务局

科学理财　民主理财
高效理财　廉洁理财
依法理财　规范理财

——河南省财政厅

社会主义税收取之于民　用之于民　造福于民
发挥税收职能作用　服务中原经济区建设
12366 热线　听得见的纳税服务

——河南省国家税务局

科学理财　促进发展
内强素质　外树形象

——山东省财政厅

依法治税　从严带队　科学管理　共建和谐

——山东省地方税务局

依法依规依程序，公开公平公正

——湖南省财政厅、湖南财政网

税收促进发展　发展改善民生
依法诚信纳税光荣
聚财为国　执法为民
为国聚财　改善民生

——湖南省国家税务局网站

税收　发展　民生

——湖南省地方税务局

打造发展财政，力促经济发展提速增效；打造民生财政，力促基本公共服务均等化；打造和谐财政，力促财政事业可持续发展；打造绩效财政，力促财政管理水平全面提高；打造透明财政，力促财政权力运行更加规范。

——广西财政厅、广西财政网

忠诚敬业、服务大局、团结互助、创新争先

依法诚信纳税　共建和谐社会

税收·发展·民生

——广西壮族自治区地方税务局

税收　发展　民生

为国聚财　为民收税

向共和国纳税人致敬

——云南省地方税务局

聚财为国　执法为民

2011年　服务基层年　坚持基本准则　发挥调控作用　抓好核心业务　加强队伍建设　推进反腐倡廉　全力服务基层

——云南省国家税务局

千百万人纳税汇聚　实现贵州跨越发展

——贵州省地方税务局

科学发展　高效服务　务实创新　爱民廉洁

——海南省财政厅

依法诚信纳税　共建和谐海南

——海南省地方税务局

税收促进发展　发展改善民生

聚财为国　执法为民

税收连着你我他　富国强民靠大家

——海南省国家税务局

税收　发展　民生

依法组织税费收入是第一要务　不断深化队伍建设是第一责任　全力服务转型跨越是第一目标

——甘肃省地方税务局

建设公共财政　着力改善民生

——青海省财政厅

服务科学发展　共建和谐税收

——四川省国家税务局

依法诚信纳税　共建和谐社会
聚财为国　执法为民

——重庆市国家税务局

聚财为国　执法为民
取之于民　用之于民

——吉林省国家税务局

依法诚信纳税　共建小康社会

——吉林省地方税务局

完善保障体系　关注百姓民生
贯彻落实财政政策　加快经济结构调整

——西藏财政厅

发挥财政职能作用　促进经济社会发展

——黑龙江财政网

我们要成为卓越的税务管理机构　为促进香港的繁荣安定做出贡献

——香港特别行政区政府税务局

致力缔造良好的税收环境、构建现代化的公共财政和公务管理体系、改善服务素质，使财政局成为深受澳门社会信赖的公共机构。

——澳门特别行政区政府财政局

第二篇
财税趣闻

财税趣闻篇，主要分为名人与税收、五花八门的税种、美国财税趣闻、英国财税趣闻、其他国家财税趣闻、肥胖和税收、税收之最以及理财趣闻八个部分的内容。因为关于美国和英国财税趣闻的内容较多，所以把它们分别列出来单独成章。“肥胖和税收”本来可以分别放到各国的税收趣闻中去，但是因为现在世界各国人口普遍存在着由于营养过剩而造成肥胖的趋势，为了更好地反映税收随着社会需要而变化的特点，体现税收在保障人们身体健康方面的特殊作用，我们把它单独列成第六章。同样，由于学习财政学的一个重要目的是通过熟悉政府理财而培养自身的理财意识，我们加进了理财趣闻的相关内容。

第一章　名人与税收

塞万提斯当过税官

西班牙著名作家塞万提斯1547年出生于一个没落贵族家庭，22岁来到文艺复兴的发源地意大利。1571年，土耳其舰队入侵地中海地区，西班牙与威尼斯组成联合舰队进行抵抗，塞万提斯出于爱国热忱，毅然入伍，在一次海战中负伤并失去左手。1575年，塞万提斯在回国途中为海盗所俘，至1580年才赎得自由。1587年塞万提斯谋得一个税务员的职位。有一次他到一个闹灾荒的地方去征税。当地百姓太穷，无钱纳税，但教堂的一个讲经师的谷仓里却堆满了粮食。塞万提斯得知后，就下令征收这些粮食，用来抵偿老百姓应该缴纳的赋税。此事触怒了教会，教会立即将塞万提斯驱逐出教。以后他又多次被权贵和教会迫害，被投入监狱。在这黑暗悲惨的生活环境中，塞万提斯积累了丰富的创作素材，写出了不朽名著《堂吉诃德》。

拉瓦锡做“包税官”被送上断头台

法国化学家安托万·劳伦特·拉瓦锡，被誉为现代“化学之父”，他也当过税务员。遗憾的是在政治风波中，他因做过“包税官”而被激进派送上了断头台，成为政治斗争的牺牲品。

拉瓦锡25岁时就成了皇家学院院士，是他把化学从死胡同里引上了正确的轨道，给化学研究带来了新的前景。拉瓦锡对合金、燃料、化纤、塑料等新材料的产生做出了重要贡献。除此之外，拉瓦锡还当过“包税官”。法国大革命中，激进派为讨伐专制时代的官员，发布了逮捕所有“包税官”的命令。1792年10月，大批“包税官”被捕，拉瓦锡也在其中。他申辩说：“我和政治毫无关系，做‘包税官’所获得的钱，我都用在了科学实验上。”可是，激进派还是把他送上了断头台，拉瓦锡时年51岁。这可以说是科学史上的一个悲剧。正像法国科学家拉格朗日所叹：“一瞬间就砍下了拉瓦锡的头颅，可是一百年也产生不出像他那样的头脑！”

“稿费保卫战” 与开辟 “第二战场”

第二次世界大战爆发之后，丘吉尔积极动员全体英国公民进行一场英伦保卫战，可是与此同时他对避税的热情却丝毫未减。1942年10月，苏联红军以巨大牺牲顶住了德国一次又一次的疯狂进攻，斯大林格勒保卫战进入关键阶段。而英国军队也在北非战场上对“沙漠之狐”隆美尔赢得了重大胜利。英国税务司的记录显示，正当英国和其盟国准备对纳粹德国发起反攻时，丘吉尔在向英国民众发表了那篇脍炙人口的战时动员演讲之后，他却“忙里偷闲”地在反法西斯主战场之外，又开辟了“第二战场”，打了一场被后人称为“稿费保卫战”的退税官司。

原来他早年曾为两家报纸写长篇连载，为此获得一笔数额不菲的稿费。当时英国的税务巡视员认为，首相个人收入中超过6 000英镑（相当于现在的17.5万英镑）部分应该征税。

为此，丘吉尔放下首相的尊贵为自己辩护道：上述稿费收入应属随机收入，并非经常收入，应该不在征税之列。当丘吉尔的这一说法被税务专员驳回之后，他转而又辩称，这些稿费与其说是一笔收入还不如称之为“经济资助”。令税务巡视员失望的是，首相的这番变通解释最后竟然获得了税务专员的一致通过，这场“稿费保卫战”以丘吉尔胜诉而告终。

希特勒：逃税老手

谈到希特勒，人们所想到的都是他的独裁和暴虐——发动第二次世界大战以及使几百万人惨死在纳粹集中营等。这个臭名昭著的独裁者如今又增添了一条新罪名——逃税。

“逃税大王”

德国巴伐利亚州退休公证员兼税务专家克劳斯—迪特尔·迪邦17日宣布，他发现这个德国纳粹头子曾经是一名“逃税大王”，偷逃税款共计40.5万德国马克，折合成现在的美元约有800万之多。希特勒于1933年上台之后，这些欠款自然就一笔勾销了。

迪邦从慕尼黑市的一份档案中发现了希特勒当年的税务记录。“希特勒应当纳税却没有交，”迪邦说，“1925年至1932年间，他在个人所得税问题上不断挑战税务部门，就跟普通人一样。1933年执掌大权后，他就再也没有交过税。”

逃税“高招”

希特勒在1923年出版其臭名昭著的《我的奋斗》一书，这本书向人们阐述了希特勒种族主义教义及其企图吞并苏联广袤国土的野心。迪邦发现，《我的奋斗》为希特勒赚得123.2万马克，根据当时的法规，希特勒应当为此交纳60万马克的个人所得税，他却逃掉了部分税款。

“这 123.2 万马克在 1925 年是一个天文数字，”迪邦说，“如果考虑到当时教师年收入只有 4 800 马克，你就会知道这是一大笔钱。即使在 1933 年担任总理后，希特勒的年收入也只有 4.4 万马克。他当时告诉税务部门，他已经把收入捐献给了一个救助寡妇的慈善机构，但事实上他并没有这么做。”

为了逃税，希特勒想了许多“高招”，其中一些招数至今还在德国广为流传。为了降低纳税的收入基数，希特勒在 1925 年试图将其崭新的梅塞德斯奔驰轿车从私车“变”成公车；希特勒后来还从他的收入中扣除了桌子、书架、差旅费、司机以及私人秘书的工资等费用。

赢得“税战”

“希特勒总是向税务局提出正式的反对意见，通过非常正常的方式，”迪邦说，“1933 年以前，这种来来往往很正常，他也并不在意（税务局的）裁决。”

但希特勒在 1933 年执掌大权以后，他与慕尼黑税务局之间的问题随即烟消云散。声名狼藉的“授权法”不仅赋予了希特勒独断专行的大权，还帮助他永远地赢得了“慕尼黑税务局之战”。慕尼黑税务局先是宣布免除希特勒在 1934 年应缴纳的收入税；1935 年，这家税务局又决定一笔勾销希特勒以前所欠的税款。

就在希特勒税款被免掉后的一个月，时任慕尼黑税务局局长的路德维希·米尔就荣升为德国税务总管，其薪水也提升了 41%。

“现在看来，这十分荒谬，”迪邦说，“但是在独裁统治时期，独裁者所做的任何事情都是正确的。”

尼克松：宽于待己，严于待人

在美国，利用税务局为政治目的服务已不是什么新鲜事。罗斯福就曾经下令给税务局，让税务局调查“极端政治团体”，结果很多反对派团体被剥夺了税收优惠权。

然而，利用税务局搞政治最出名的要算是尼克松了。尼克松出任总统后，亲自建立了一个税务特工组，专门调查不同政见者的税务问题。税务特工组的英文缩写是SSS，比“二战”时期希特勒冲锋队的缩写SS还多了一个S。尼克松原本希望通过特工组打击异己分子，可是没想到，在水门事件的调查中却搬起石头砸了自己的脚。

1973年6月，《华盛顿邮报》记者向外界披露，尼克松任副总统期间曾把一批文献“捐”给了国家资料局，并按专家所估价值570 000美元在申报个人所得税时作为抵税开支。据这位记者的大胆估测，尼克松在1969年根本就没有缴税，或只缴了很少一部分税。

新闻见报后，老百姓愤愤不平：年薪200 000美元的总统也想钻税法的空子，比年收入万把块钱的普通百姓缴税还少，实在说不过去。迫于舆论的压力，白宫方面只得承认确有捐文献抵税一事，但拒绝透露抵税数目。1973年7月30日，某杂志社公开致信税务局，要求立案调查尼克松捐文献抵税款一事是否合法。而税务局以保护公民隐私权为由，拒绝公布尼克松的报税情况。

1973年9月，又从《巴尔的摩太阳报》传出消息，尼克松总统1970年和1971年也曾有偷税行为。面对媒体的强大攻势，尼克松表现得相当从容，不仅拒绝提供任何数字，还把税务局拉出来作为挡箭牌，说税务局早已收到他的报税表，并未提出异议。

就在这时，税务局出了一位“无名英雄”，悄悄地把总统的税表透露给报社。1973 年 10 月 3 日，这家报纸在头版头条登出“尼克松两年纳税 1 670 美元”的消息，全国上下顿时一片哗然。在确凿的证据面前，一向沉着冷静的尼克松再也坐不住了。1973 年 12 月 8 日，他被迫公开了 1970 年和 1971 年的报税表，结果与先前报道的情况相差无几。

为进一步调查此案，国会专门成立了调查尼克松委员会。委员会对是否能把任公职期间的文献作为私有财产捐赠提出了质疑，并要求对文献价值重新估价。在国会的压力下，税务局局长亲自把查账通知书送到尼克松夫妇的住处。

3 个月后，税务局公布了对尼克松的调查结果。经查实，尼克松于 1970 年和 1971 年间共偷税 271 148. 72 美元，1969 年偷税 148 080. 97 美元。由于税法有规定，税务机关如在纳税人申报纳税 3 年之内不提出疑问，纳税人可不对 3 年前的欠税负责，这样就免去了尼克松 1969 年的欠税。另外，税务局可对偷税者处以所偷税款 5% ~50% 的罚款。不用说，税务局这次用的是 5% 的罚款。

1974 年 4 月 17 日，尼克松交给税务局 284 706. 16 美元，付清了所欠税款及罚款。1974 年 8 月 9 日，尼克松因水门事件辞职，成为美国历史上第一位因犯法而辞职的总统。尼克松一手组建的税务特工组也于 1973 年 8 月宣告解散。尼克松下台后，副总统福特继任总统。上任不久，福特动用其总统豁免权，免除进一步追究尼克松在水门事件和与之有牵连的税务问题上的法律责任，避免使其成为第一位因犯罪而坐牢的总统。尼克松虽然告别了政坛，但与水门事件相牵连的税务问题余波未止。在他辞职的 3 个月后，其律师在法庭伏法认罪，承认曾把尼克松“捐文献”的日期由实际的 1970 年非法篡改为 1969 年。水门事件后，历任美国总统都“自觉自愿”地公布自己的税表，以示清白，以服民心。这一切还得归功于那位见义勇为却丢了饭碗的税务官员。

布什：自食其言

当年，里根总统任期将满，共和党一致推荐布什竞选新一届总统。布什不负众望，凭借自身实力和著名的竞选口号“看我的嘴形，绝不增税”一举当选。

布什入主白宫后，民主党以多数党身份统治参、众两院，共和党有布什掌握大权，两派争斗互有胜负。民主党凭借其在国会人多势众的优势，非要在国家预算中增加税收以平衡财政收支。其间虽然布什曾几度使用否决权否定国会增税的提案，但在国会拥有三分之二多数否定总统权和其他因素的影响下，不得不与国会达成妥协，做出让步。这一让步不打紧，却为他日后寻求连任蒙上了一丝阴影。

应该说，布什总统的政绩颇为显赫。昔日对手苏联解体，“冷战”宣告结束；美军在海湾战争中凯旋，一扫越战后民众反战、士兵厌战的阴云。所有这些都为布什的连任增加了不少筹码。

而布什连选伊始的情形也证实了这一点。他不仅在共和党内势如破竹，没有受到任何威胁，就是在反对党民主党阵营中也没有遇到有力的竞争者。就在人们普遍认为布什将获取连任的时候，美国经济出现了严重滑坡，公司纷纷倒闭，工人大批失业。“存在决定意识”，老百姓迫切需要一个能够阻止经济继续衰退的人来领导国家。布什纵有辉煌的政绩，却无扭转经济的回天之力，最后输给了当时名不见经传的克林顿，成了公众发泄不满的替罪羊。克林顿在与布什较量时，引用布什在税收问题上食言的事实，大肆嘲笑布什说话不算数。“看我的嘴形，绝不增税”也成了民间的笑话。

在百姓心目中，减税无疑是很有诱惑力的竞选口号。政治家都希望自己当选，在竞选时说些老百姓爱听的话，开空头支票，一旦当选后无法兑现原来的承诺，就会让对手抓住把柄。

飞人乔丹误上“欠税榜”

一份由美国北卡罗来纳州税务人员制作的免费报纸，寄到了许多欠税人的家中，报纸上密密麻麻地登着该州欠税两个月以上人员的名单。在这份名单中，赫然印着迈克尔·乔丹的大名。

这是我们熟悉的NBA灵魂人物、以其高超球技赢得全世界球迷喜爱的“飞人”乔丹吗？抑或只是同名同姓？没错，这的确就是鼎鼎有名的“飞人”乔丹。这位大明星已经被北卡罗来纳州的税务人员悄悄盯上了。

为乔丹带来麻烦的是他在北卡罗来纳州拥有的一处高尔夫球道。1997年，乔丹购买了克里克森林高尔夫球俱乐部的球道，总价值为22.13万美元。按照规定，乔丹每个月应该为此缴纳一定数量的财产税。2008年以前，乔丹一直按时缴纳税款，不过，从2008年1月份起，税务机关再也没有收到过乔丹寄来的一分钱。目前，乔丹拖欠的税款包括南派恩斯县的1 106美元和摩尔郡1 283美元财产税再加上83美元的利息，共计2 400多美元。

摩尔郡的税务官员帕里斯说：“我们已经等了两个月了，至今没有收到乔丹的汇款。为了督促他尽快缴纳税款，我们只好将他的名字登上了‘欠税榜’。”帕里斯说：“我们都认为乔丹是不会做出偷逃税这样的事情来的，不过我们是公事公办。”这几天，乔丹成了众矢之的，这位众人眼中的谦谦君子居然会拖欠税款，不仅让美国纳税人感到奇怪，也让美国的税务机关感到惊讶。好在现在已经有了答案，乔丹是清白的，至少他从来都没有想过要恶意偷税。这场误会只是因为一个过期的家庭住址引起的。

乔丹的发言人波特努称这次事件是一个小小的疏忽，由于催缴税款的邮件发到了乔丹在洛杉矶的旧地址，因此开始时他们把它当成了球迷来信。这个错误在6日晚上就已经被发现，应该缴纳的税款已经邮寄出去了。波特努说："乔丹先生对缴纳税款一事非常认真，他的税款马上就会到达摩尔郡。"得知自己上了欠税者名单后，乔丹立即做出了反应，他承认自己拖欠了2 400美元的税款，乔丹说他历来都积极纳税，现在他已经将所欠的税款汇给了北卡罗来纳州的税务机关。

马拉多纳用钻石耳环顶税

据报道，马拉多纳因为此前在意大利欠下税款未缴纳，结果被意大利税务部门在意北部一家诊所内没收了价值4 000欧元的钻石耳环。

老马在效力于意甲那不勒斯队期间，欠税居然高达5 400多万美元，一直也没有付清。后来，马拉多纳在意大利接受减肥治疗，意大利的税务警察自然盯上老马，要求他上缴当年欠下的税款。搞笑的是，老马面对税务警察没有拿出现金，而是直接将自己的一副名贵耳环交给了税务警察。据税务部门披露，这副镶了钻石的耳环价值5 900美元，与巨额税款相比，可谓杯水车薪。

实际上，这已不是老马第一次将自己身上的值钱物件交给意大利税务警察了。过去几年，每当老马到意大利，当地税务部门总是找上门来讨要当年欠下的税款，老马面对税务警察的逼迫，只能将自己身上的贵重物品交出来偿还税款。据意大利媒体报道，当年马拉多纳去那不勒斯市郊参加慈善比赛时，意大利税务警察从他身上带走了两块劳力士手表。马拉多纳作为嘉宾去意大利出席一档电视节目，结果老马作为嘉宾获得的酬劳也被税务部门悉数没收。

“脸谱” 网站创始人为躲税而放弃美国国籍

“脸谱”网站首次公开募股（IPO）在即，联合创始人之一的爱德华多·萨韦林“及时”退出美国国籍，有望为自己省下大笔税金。美国媒体2012年5月11日报道，近些年，“脱美”者增加。

萨韦林30岁，出生在巴西一个富商家庭，20世纪90年代初随家人迁至美国迈阿密，1998年获美国国籍，2009年前后搬到新加坡居住。其发言人古德曼以电子邮件形式向彭博新闻社证实，萨韦林2011年9月前后放弃美国国籍。他说，萨韦林退籍是出于个人投资便利的考虑。

美国国内税收署的文件确认，萨韦林列入4月30日前放弃美国国籍的人员。

“脸谱”本月初公布IPO定价，每股售价区间有望在28美元至35美元之间。据估计，IPO后，“脸谱”市值有望达到1 000亿美元。依照美国网站“谁拥有脸谱”估算，萨韦林现有网站4%的股份。由此推算，萨韦林手中股票最高价值大约40亿美元。

桑弘羊——史上税收专家第一人

桑弘羊（公元前152年—公元前80年），汉武帝时大臣。出身商人家庭，自幼善心算，十三岁即入侍宫中，历任大司农中丞、大司农、御史大夫等重要职务。元狩年间以后，在桑弘羊的参与和主持下，先后实行了盐、铁、酒官营，均输、平准、算缗、告缗，统一铸币等经济、税收政策，堪称史上“税收专家”第一人。

汉武帝好大喜功，在连年对外进行大规模战争的情况下，国家的财政开支急剧增加，只能靠加重各种捐税的征收，如加征口赋、算赋、助边费、商人车船税、六畜税、资产缗钱税等，还卖官鬻爵、发行白鹿皮币、银锡白金币等，尤其是告缗令的推行，破坏了社会经济基础，封建财政濒临绝境。此时，汉武帝选择桑弘羊担任国家的主要财政负责人，他在已经不可能再增加农民赋税负担的情况下，大胆改革，创造性地提出并实行了盐铁、平准、均输等三项财税制度，极大地满足了汉武帝浩繁的财政需求，受到汉武帝的信任和支持。

桑弘羊是中国历史上第一个提出不依靠农业富国的思想家。他指出：“富国非一道”，“富国何必用本农”，“无末业则本业何出”？主张由政府经营工商业以增加经济性收入。他认为盐铁专卖作为国家统一的财政收入，可“足军旅之费，务蓄积以备乏绝”，而不必增加农民的赋税负担；可防止豪商垄断生产经营，操纵物价，阻塞他们的“利途”；可缩小贫富差别，“以齐黎民”，缓和阶级矛盾。盐铁专卖的具体做法，就是鼓励平民从事食盐生产，官府供给他们主要的生产工具，平民生产出来的食盐由政府统一收购，不得私自买卖。官府在各地设立盐肆，任命官吏，负责出售食盐；在政府无力设置盐肆，进行经营的地方，特许一些小商人进行分销。铁矿的开采、冶炼、锻造也全部由官府控制，产品归官府所有，由官府设置官吏负责销售。盐和铁的价格都由政府统一规定，以保持价格的稳定。任何人不得私自铸铁煮盐，违者没收工具和产品，并处以重刑。为了管理盐铁专卖，武帝还任命大盐商大铁商孔仅和东郭咸阳担任盐铁丞，并在盐铁产地设置盐官和铁官，负责盐铁的生产和收购，在不出产盐铁的地方设置小盐官和铁官，负责盐铁销售，并回收废铁。盐铁专卖所得的高额利润全部上交中央政府。

盐铁专卖政策为西汉政府提供了巨额的收入，尤其是耗费巨大的抗击匈奴、开通西域以及开发西南等活动，一直都是依靠盐铁的收入来支撑的。盐铁的专卖迫使那些巨商大贾退出了盐铁生意，斩断了他们的聚财之路，在一定程度上抑制了豪强兼并，延缓了平民贫困化的过程，对农业、手工业的生产都有较大的助益。而且盐铁专卖的实行使诸侯国境内的盐铁资源都收归中央政府，诸侯不能再依靠盐铁之利作为经济后盾，这进一步消除了诸侯割据的隐患，大大加强了中央集权的封建政权的巩固。可见，盐铁的专卖并不仅仅是一项经济政策，还有着重要的政治意义，因此成为西汉政府的一项基本国策。

均输法是政府利用各地的贡赋做底本，进行一些大宗的商品贩运贸易，以此调节物资。具体做法是：郡国将应该缴纳的贡物连同运费的总额，按照市价，折算成当地出产的、价格比较低廉的土特产品，交付给政府的均输官；均输官再将所收到的土特产品合理地运往需要这些产品的地区去出售。这样，中央政府不加一文钱，就可以从土特产品的贩运贸易中获取巨额的利润，用来维持政府的各种支出。均输法的实行还明确了任土所宜的原则，合理运售，改变了过去需要进贡的物品不是本地所产，农民要高价到市场上购买，再上交官府的情况，还使农民免除了自备粮食工具为政府长途运输的沉重负担，大大减轻了农民的负担。

平准法是和均输法密切相关的，平准的目的就是由政府来调节物资，平抑物价。政府在长安设置平准官，负责掌管各地运送来的物资以及官营手工业的原料和产品。当市场上某种商品脱销，价格上涨时，平准官就以较低的价格出售政府储存的物资；反之，当市场上某种商品滞销，价格下降时，平准官就开始收购，使物价保持稳定。均输和平准一个相当于行商，调节物资的余缺，一个相当于坐贾，调节物价的高低；一个掌握大宗商品批发，一个负责管理市场零售，共同组成了官营商业体系。这对抑制商人囤积居奇、垄断物价起到了很大的作用。这种官营商业体系是桑弘羊的独创，尤其是均输法更是桑弘羊商业天赋和长期财政工作经验的结晶。

在实践中，桑弘羊对盐、铁、酒实行专卖，利用垄断价格，收取高额利润；实行平准法，创设均输法，调节商品流通，平抑市场价格。这些措施有力地打击了富商大贾的势力，减轻了人民负担，同时也增加了政府的收入，在一定程度上做到了“民不加赋而国用饶”。汉武帝去世后，昭帝始元六年（公元前81 年），汉王朝召开了著名的盐铁会议。会上，桑弘羊批驳了“贤良”、“文学”对政府财政政策的攻击，为盐铁官营和均输平准政策做了全面的辩解。他指出：“盐铁之利，所以佐百姓之急，足军旅之需，务蓄积以备乏绝，所给甚众，有益于国，无害于人”；平准、均输则做到了“平万物而便百姓”。为了保护小农经济和国家税源，桑弘羊主张抑制豪强兼并，强调“制其不足，调其不足”，“散聚均利”，“禁溢羡，扼利途”，防止“民有相妨之富”。他认为，实行盐铁专卖、平准均输正是为“绝并兼之路”，使“百姓可家给人足”；“山泽无征，则君臣同利；刀币无禁，则奸贞并行”，“臣富相侈，下专利则相倾”。桑弘羊的理财思想和政策是从维护最高统治集团自身的利益出发的，但在当时封建国家财政因连年战争出现危机的情况下，能做到“民不加赋而国用饶”，制豪强之有余，济贫民之不足，并在一定程度上减轻人民的负担，这毕竟是一件好事，具有历史进步意义。

王莽：所得税的创始人

一般认为所得税创立于18世纪末的英国，实际上具有所得税性质的税种，远在2000多年前的中国西汉末期就已出现，其创始人便是王莽。

西汉哀帝死后，汉平帝继位。因平帝年龄尚幼，完全受大司马王莽的控制。公元8年，王莽自己登上皇帝宝座，把国号改为“新”，次年改元为“始建国”。始建国元年（即公元9年），王莽开始推行他的经济改革措施，设立了对工商业者的纯经营利润额征收的税种“贡”。《汉书·食货志下》中记载：“诸取众物鸟兽鱼鳖百虫于山林水泽及畜牧者，嫔妇桑蚕织纺绩补缝，工匠医巫卜视及他方技商贩贾人，货肆列里区谒舍，皆多自占所为于其所在之其官，除其本、计其得，十一分之，而以其一为贡，敢不自占，自占不以实者，尽没入所采取，而作县官一岁。”其大意是凡是从事采集、狩猎、捕捞、畜牧、养蚕、纺织、缝纫、织补、医疗、卜卦算命之人及其他艺人，还有商贾经营者，都要从其经营收入扣除成本，算出纯利，按纯利额的十分之一纳税，自由申报，官吏核实，如有不报或不实者，没收全部收入，并拘捕违犯之人，罚服劳役苦工一年。

从税收制度的构成要素来说，王莽的“贡”已具备所得税的特征，其征税对象为纯盈利额；以从事多种经营活动取得纯收入的人为纳税人；税率为10%；纳税人自行申报，官吏核实；对违法者有处罚措施。但由于王莽的“贡”征收范围广，征收方法繁，不仅技术操作上不可行，而且引起了人民的群起反抗，到公元22年王莽不得不下旨免税，但为时已晚。两年后，王莽便国破身死。但是王莽首创的“无所得税之名，而有所得税之实”的“贡”，确实比英国1799年开征所得税早了1700多年。

刘秀：减税造就“光武中兴”

光武帝即刘秀，东汉王朝的建立者。在位期间（公元25—57年）先后多次颁布释放奴婢和禁止残害奴婢的诏令，多次下诏赦免罪徒为庶民；废除王莽时期的苛捐杂税，减轻田赋，恢复西汉三十而税一的旧制，山林池泽听任贫民开采，不收税，兴修水利，实行屯田；废除地方兵役制，裁并400余县，精简官吏十分之九，中央机构包括财政机构也大为紧缩，如秦汉以来一直归属少府掌管的“山泽陂池之税，”亦令其改属司农，由国家统一征收一切租税，少府的职掌只是单纯管理皇室支出。这是封建税收体制上的一个重要政策。这些措施实行的结果是“百姓殷富，粟斛三十，牛马被野”（《后汉书·明帝纪》），全国政治稳定，巩固了亡而复立的刘氏王朝，史家誉之为“光武中兴”。

孟尝君收税

孟尝君为齐威王的孙子、齐宣王的侄子，他继承父亲的封地“薛”，也曾经做过齐国的“相”。他的舍人魏子曾为孟尝君收邑入，也就是收租税，来往三次不曾收到一分租税。孟尝君问他缘由，他回答说：我碰到了有贤德的人，就把钱粮送给他了。孟尝君一气之下赶走了魏子。几年后，有人在齐湣王面前说孟尝君的坏话，称孟尝君将为乱，以及田甲劫湣王。湣王生疑，孟尝君逃亡。曾经受魏子粟的贤者听说此事后，上书国君言孟尝君没有作乱。为了证明这一点，贤者跑到宫门前自刎。湣王知道后派人去调查，发现孟尝君果然无意图谋王位，于是复召孟尝君入朝。

赵奢收税

战国时期赵国负责收税的田部吏赵奢上任后发现赵国一般老百姓的税都能很快收上来，但豪族巨富们偷税漏税的问题却很严重。尤其是赵王之弟平原君（平原君为赵国的公子，三次辞相三次复位，封于东武城。）家，悍奴刁仆，更是不可一世，收税的差役上门，不是被他们阻之门外，就是遭到羞辱谩骂，一文钱也收不到。这天，赵奢亲自到平原君府上收税，但府内那些管事的照样不买他的账，抗拒交税。赵奢毫不留情，当场下令将其中九名辱骂税官的管事逮捕法办，全部斩首。平原君闻讯后勃然大怒，派人强行将赵奢抓入其府中，要将他问斩。赵奢毫无惧色，向平原君恭敬施礼后慷慨陈词："微臣只是一名专司税收的小吏，依法收税是为了维护国家的利益。您的九名管事倚仗您的大名带头抗拒国法依法当斩。您在赵国是贵公子，如果纵容家人而不奉公守法，法纪就会削弱，法纪削弱国家也就衰弱，国家衰弱则各国来犯，赵国便不存在了。您还到哪里找现在的富贵呢！以您的尊贵地位，带头奉公守法则上下一心，上下一心则国家强大，国家强大则赵家江山稳固，而您作为王族贵戚，难道会被各国轻视吗？"平原君认为赵奢很贤明，便介绍给赵王。赵王派他管理国家赋税，于是国家赋税征收顺利，人民富庶而国库充实。

文景之治与“休养生息”

在西汉前期文帝与景帝在位时（公元前179年—公元前141年），西汉政府继续实行汉初“与民休息”、“轻徭薄赋”的社会政策，积极劝民务农，兴修水利，重农抑商。在税收上实行十五税一、三十税一，甚至还免收田租达13年之久，尽力减轻农民的口赋、徭役，规定入粟者秤爵，集中部分富有者的财富。财政支出上提倡节俭，压缩开支。废除苛法，削弱诸侯王势力，巩固中央集权。还征民徙边，入粟塞下，增强北方的防御力量。汉王朝由此而走向繁荣和发展，到武帝初年，出现人足家给、廪庾尽满、财力大增的繁华景象。

汉武帝征税拓疆土

汉武帝在位时（公元前140年—公元前87年），一改汉初以来清静无为的治国方略，伐匈奴，收南越，通西域，治黄河，固疆扩边。他在位54年，进行了50年大小战争，特别是10多次大规模反击匈奴的战争，多年征战使得国家一度陷入“赋税既竭，犹不足以奉战士”（《史记·平准书》）的困境。然而，汉武帝果敢地开征了一系列临时性新税，提高原有税率，筹集了充足的军费，维护了国家平安，造就了西汉王朝的鼎盛局面。

《汉书·食货志》记载：汉武帝在元光六年（公元前129年），向充分享受了休养生息政策的商贾们开征我国最早的“车船税”。凡不是官吏、三老（掌管教化的乡官）、戍边骑士者，有轺车（马车）一辆纳税120钱，商用车一辆纳税240钱，船五丈以上，一条纳税120钱。

车船作为商贾必不可少的交通运输工具，无法藏匿逃税，于是汉武帝不费力气便征集了大量税收。元狩四年（公元前119年），汉武帝向商贾们开征财产税——“缗钱税”，要求他们向官府如实呈报财产，经验收后，按率征税。商人财产每2 000钱征一算，即120钱，手工业者财产每4 000钱征一算。同时，又向高利贷者开征利息税——“贳（赊）贷税”。由此，国家得到了丰厚的收入。

汉武帝元鼎五年（公元前112年），针对战马损耗严重，急需补充的实际情况，开征牲畜税——“马口钱”。开始按产驹数的1/10征马，后改为直接征钱，补足军费。太初四年（公元前107年），又结束汉初以来关梁开放的免税政策，征收关税，供守关吏卒之用。另外，还临时增加田赋和人头税。

汉武帝以其雄才大略，筹措了雄厚的资金，最终打败匈奴，攻占南越、东越，建立了“东西9 302里，南北13 368里”（《汉书·地理志》）、当时世界上最强大的西汉帝国。随着战争的结束，这些临时性税收政策也先后被废止。

曹操减税吸引流民归田

三国时期，魏国虽然经受了赤壁之败和诸葛亮五次北伐的打击，但其强国地位均未被撼动。这与魏国较强大的经济实力有直接关系，而曹操在魏国进行的税制改革则奠定了其雄厚的经济基础。

东汉末年，连年战乱，人口锐减，土地荒芜。曹操敏锐地洞察了天下形势，把“奉天子以令不臣，修耕植以畜军资”（《三国志·魏志》）作为完成统一大业的政治、经济方针。

建安元年（公元196年），曹操颁布《置屯田令》，开始大规模屯田，对屯田收获实行“持官牛者，官得六分，百姓得四分；私牛而官田者，与官中分”。虽然百姓地租负担较重，但较为安定的生产和生活，仍能被当时百姓接受。“数年之中，所在积粟，仓廪皆满。”解决了军粮问题后，为保证长久调动农民生产积极性，曹操开始着手进行赋税制度改革。建安九年（公元204年），曹操发布了著名的《收田租令》，规定“其收田租亩四升，户出绢二匹，绵二斤而已”。这一改革实现了两大突破，即把汉代的定率田税改为定额田税，把人头税改为按户征税。汉代田税“三十税一”，一亩须缴粮5升以上。曹操的改革不论产量高低，一亩只缴4升，田税不与产量挂钩，增产不增税，提高了农民种田的积极性。流民纷纷归田，农业生产得以恢复。

汉代“人头税”算赋、口赋是按人头缴纳的，百姓要卖掉产品换钱缴税，时常受到商人盘剥。曹操改人头税为“户调”，不管一户人口多少，只缴绢2匹、绵2斤，避免了因家庭人口增长增加税收之累。

曹操还规定除百姓纳税外，一般豪强地主也要缴纳田税、户调。同时，注重加强管理，规定正税之外，“（其）他不得兴发”。

曹操的赋税改革使魏国民心归服，军队衣食充足，成为三国鼎立中实力最强的国家。

刘备：　横征暴敛古城怨

建安五年，刘备等人在古城县休养生息，为寻找下次机会做准备。刘备心里很清楚，北方的曹操、袁绍都已经对自己恨之入骨了，想要生存，肯定要从南面想办法。他看中了荆州，荆州沃野千里，刘表又是一个面瓜，“刘表统治荆州，就像一个五岁的孩子拿着块肥肉在狼群里散步”。而刘备自己，要做的当然就是狼群中出爪最快的那头狼。

欲取之，必先予之。刘备很明白这个道理，想要得到荆州，一定要先投靠刘表，再寻找机会。想投靠刘表，第一步，当然是要尽可能地壮大自己——没人会重视一个毫无实力的投靠者。袁绍当初不重视刘备，那么刘表也不会。

古城县户口共有两万多人，刘备通过种种手段，居然征兵两千有余。汉朝末年，官府征税一般是九抽其一，但刘备制定了新的税收政策，古城县的居民缴税额达到了三分之一。刘备的横征暴敛把古城搞得怨声载道，没有人会忍受把自己三分之一的收入白白上缴。关于古城当时的生活情况，汉末道士左慈笔记小说《诡异录》中有这样一个故事：余行四方，至古城。一妪路乞，余问："缘何民生如是之艰？"妪曰："刘备篚篡不饬。"惊问曰："备乃皇叔，领豫州牧，何不能治一县？汝诈也。"妪顿足泣曰："吾安敢诈，其非无治县之能，无治县之心也。"这意思是说刘备把古城县搞得一团糟，并不是因为他没有治理古城的才能，而是心思压根没在这上面，只想捞一把就走。

但奇怪的是，据《古城县志》记载，古城人虽然一肚皮的抱怨，但没有人偷税漏税，相反大家还争先恐后地多缴税款。刘备自己也觉得很奇怪：难道古城县人都是天生的贱种？刘备派孙乾到民间暗访，想了解一下这里奇怪的民风。

几天后，孙乾回到府里，刘备赶紧让座，问："搞清楚了吗？到底怎么回事？""我化了装到了城里最富的几家去打听，才知道了真相。"孙乾叹口气接着道："古城人知道我们的心思不在这里，他们多缴税原来是想早点打发我们走啊，当然是越早越好。"第二天，刘备就带领他的人马离开了古城。由此我们知道，刘备这个人多少还是有点羞耻心的。

曹操责弟治税

建安九年，为了发展经济，充实国力，曹操正式颁布租调制，明令规定：田租（税）按亩征收，每亩土地每年纳租谷四升；户调按户征收，每户纳绢二匹、绵二斤。同时还规定，各地要严加检查，不许豪强地主漏交田租、户调。租调制的实施，使战乱后的社会经济得到了恢复和发展，并为后来隋唐实行租庸调制奠定了基础。实行租调制的法令颁布后，曹操强调依法办事，严格贯彻租调制。他不仅带头守法，“以己率下，每岁发调”，向国家缴纳赋税，还大力支持地方官员依法征税，打击违法的豪强，并重用严于执法的官员。

豪强曹洪自恃是曹操的堂弟，又始终追随曹操建功立业，因此公然支持他在长社县的宾客（曹洪的依附人口）拒不缴纳田租、户调，阻止租调制的实行。长社县令杨沛依法办事，断然把那些违法不交税的宾客“收而治之”。曹洪闻讯后，急忙去找曹操，要求惩办杨沛。杨沛毫不畏惧，并依法诛杀了抗税不交的宾客。曹操听说这件事后，并不因为曹洪是自己的堂弟而责备杨沛，反而表扬了杨沛，后还重用杨沛为京兆尹，并责罚了曹洪。

隋炀帝：赋役法之外横征暴敛

隋文帝建立的隋朝，只存在了38年。国祚不长，同隋炀帝在赋役法之外横征暴敛，实有重大关系。

隋文帝崇尚节俭，《资治通鉴》说他“爱养百姓，劝课农桑，轻徭薄赋，其自奉养，务为俭素”。他沿袭北齐的均田制和赋役法，注意减轻民众负担。北齐的均田制按口分配空荒地，普通民众一夫受田80亩，一妇受田40亩，身死或年老退还官府，奴婢照样受田；壮牛一头受田60亩，但不得多过4头；又每丁受永业田20亩，种桑麻。隋初的赋役法规定，男女10岁以下为小，17岁以下为中，18岁以上为丁，丁受田纳赋服役；60岁为老，免赋役，比北齐减少6岁；丁男夫妇为一床，课租税三石，桑土调绢一匹（四丈），绵三两，麻土调布一端（六丈），麻三斤；单丁及部曲与奴婢半课，没有受田的都免课。两年后，隋文帝改成丁年龄为21岁，受田仍是18岁，服兵役却减少3年，又将每年服役30日减为20日，并将调绢减为二丈。后来又规定百姓到了50岁，可纳庸免服兵役。庸就是免役的人每年纳绢约三尺，是对老年人的仁政。实行均田制和赋役法后，民众有田可耕，赋役较轻，生活有了出路，有利于经济的发展和社会的安定，国家的收入不仅未减少，反而增多了。他称帝后11年，府库都装满了，只好堆放在廊厅里，并另设左藏院放绢匹。他下诏说："宁积于人，无藏府库，河北河东，今年田租，三分减一，兵役减半，功调全免。"他在位24年，初时，全国民户不满400万，末年增加到890万。《隋书》说他"躬节俭，平徭赋，创建廪实，法令行，君子咸乐其生，小人各安其业，强无凌弱，众不暴寡，人物殷阜，朝野欢娱，20年间天下无事，区宇之内宴如也"。这虽可能有溢美之词，但隋祚不长，显然不应归咎于他。难辞其咎的是隋炀帝。

隋炀帝在赋役立法上并未加重民众的负担，而且还废除了妇人和奴婢、部曲的课役，把男子的成丁年龄放宽到22岁。如真能依法办事，隋祚就可能长得多。可是他有三大爱好，促使他在赋役法之外横征暴敛。

一是大造宫室。他即位后就决定在洛阳建新都，每月征发丁男200万人服役，并征发奇材异石，嘉木异草，珍禽奇兽，置诸园囿；还迁全国富商数万户到洛阳居住，以增繁华；又筑西苑，周二百里，苑内有海，海中三神山上建殿阁，海北修龙鳞渠蜿蜒入海，沿渠建16院，每院住四品夫人一人主持院事，接待他游乐，宫树秋冬凋落，剪彩绫为花叶，缀满树上，色变即换新的，池沼里也剪彩绫为荷、芰、菱、芡妆点。又征发丁男数十万人挖掘自山西龙门到陕西上洛的长堑，作为保护洛阳的关防。还在宜阳县造显仁宫，自长安至江都（扬州）沿通济渠造离宫40多所，又在毗陵东南造离宫12所，华丽胜过西苑。他还嫌不够，又看天下山川图，挑选好地方造宫苑，例如在山西岢岚燕京山上环天池造了汾阳宫。

二是大游乐。洛阳供他游乐的地方很多，龙鳞渠畔十六院的院主们都想尽办法让他享乐。他常在月夜里带着骑马的宫娥数千人去西苑游玩，又集中乐人和舞人3万，把长安和洛阳两个都城的所有彩锦几乎都给他们做了衣服；并调集全国的乐人和百戏到洛阳，供他观赏。他觉得还不够，征丁男100多万人开通济渠，又开邗沟，这样，自洛阳西苑乘船可直达江都，官吏严厉督工，民夫死去很多。又选龙舟和杂船数万艘。公元605元，他乘四层高的龙舟，率领一二十万人出游江都，拉船的壮丁就有8万多人，还不算拉军船的士兵，船队长200多里，骑兵则沿两岸护送。所达州县，500多里内的居民都得献美食，吃不完的，出发前挖坑埋掉。到了江都，又下令大造车舆仪仗，要各州县送缴羽毛作为仪仗的装饰，民众纷纷出动捕鸟，单是造仪仗的工人就有10多万。他每次出游，仪仗队长20多里。公元607年，他往北游，征发河北十多郡的丁男凿太行山筑去并州的大路，雁门太守丘和献美食，就升迁为博陵太守，唯独马邑太守杨廓无所献，就令杨去博陵向丘学习。因此，郡县官都献美食。他游到榆林，又征发丁男100多万人筑长城，西起榆林，东至紫河，限令20天完成，民夫死去十之五六。为保护他游玩，调集军队50多万人，马10万匹，结成方阵，他和后妃宫眷以及百官家属在中间，出榆林塞，游了突厥人的放牧地后，回到太原，又下令开直路 90 里，经济源回洛阳。第二年，又出塞，征发丁男 20 多万人筑长城。第三年，出游西方，到达青海大通河经张掖回来，在武威县遇大风雪，士卒冻死一半多，马驴冻死十之八九。第四年，又游江都，开凿通杭州的江南河，准备游会稽山。在江都时，他接见地方官，专问献礼多少，多的提拔，少的降级罢官。地方官为了保乌纱帽，就大肆搜刮。

三是大玩战争游戏。他写诗道："我梦江南好，征辽亦偶然。"说明他征辽只是偶然兴起，想打打仗而已。他三次发动对高丽的战争。为此征集河北男女 100 万人开永济渠，与通济渠相接，两渠共长 3 000 多里。公元 611 年，他由江都坐船直达涿郡（今北京市），下令调全国军队到涿郡集中，又在山东东莱海口造船，工人昼夜站水中，不得休息，腰以下腐烂生蛆，死去者十之三四；又在河南、淮南、江南造装运军用衣甲帐幕的车辆 5 万；并征发江淮以南民夫和船只运粮，船队长 1 000 多里，数 10 万人在水陆两路运送军用物资，昼夜不停，民夫累病致死，弃尸路边，臭不可闻。牛车被征发完了，又征发人力车夫 60 多万人，二人推一车，运米三石，送到集中地时，米已吃完，无法交差，只好逃亡。公元 612 元，才终于集中了 113 万多人的军队和运送粮饷的民夫 200 多万人，行军队伍长 1 100 多里；他的御营长 80 里，走在最后，他命令诸将的军事行动都得上奏他亲自决断，千里往返，贻误戎机，结果大败。他大怒，又在两年内连续两次征集全国军队进攻高丽，劳而无功。

他为这三大爱好置赋役法于不顾，横征暴敛的财物无法计数，被征用的民夫和兵员约 1 000 万人，当时全国总人口计 4 600多万，除去老弱妇幼，丁男的大部分被征调了，以至于生产凋敝，民众无以为生，人相啖食，结果引发了农民大起义。他在位 14 年，就把隋朝断送了。

申渐高讽谏免杂税

申渐高是南唐时候的一个艺人，经常在宫中的宴会上奏乐。他生性诙谐幽默，敢于为民众说话。南唐皇帝李升在位时，国力薄弱，军粮储备不足，官府横征暴敛，人们深受苛捐杂税之害，不胜其苦。一年久旱不雨，祈雨也不应验。一天，李升在宫苑中同群臣饮酒时说："现在京郊下起雨来，唯独京城不下雨，难道我们监狱中有冤枉的事违背了天意吗？"群臣都不知如何回答。这时，申渐高走上前来笑着说："雨水害怕抽税，所以不敢进京城呀！"皇帝猛然醒悟，大笑说："是京城中赋税过重了吧？"于是当日就下诏书免去一切不合理的税赋，其他税赋也都有减除。

宋太祖对地方"制其钱谷"

太祖赵匡胤建立宋政权后，除了在军事上采取"杯酒释兵权"等行动加强中央集权外，还实行了新的财税体制，收夺地方的财政大权。

从中唐开始，地方藩镇和一些势力较大的州郡常常以种种借口和手段，截留应该上缴中央政府的赋税，久而久之，形成了财政上的"留使"、"留州"制度。到了五代时期，藩镇节度使甚至直接派自己的亲信武将管理场务（场是征收赋税的场所），财税大权落入节度使手中。宋太祖虽然"素知其弊"，有心将其革除，但因事关大官僚们的切身利益，故非常谨慎。

乾德二年（公元964年），宋太祖开始解决这一问题。当年，宋太祖发布诏令，对地方实行"制其钱谷"的财税体制，要求各州除留下必要的经费外，其余财赋中属于货币的部分要全部奉送到京，不得无故占留。为了保证“制其钱谷”制的有效推行，宋太祖后来又将全国划分为十几路，统管各州财赋的使用和转运，这样就把原来的“留州”制度逐步废除了。

同时，宋太祖还以中央支付给大藩“公使钱”为条件，废除了“留使”制度，收回了地方藩镇所控制的部分财权。随着时间的推移，原来那种“藩镇自擅，财赋欺失更五代而不能收”的情况，最终得到了改变。此后，“粟帛咸聚王畿”，地方藩镇失去了对抗中央的经济后盾。

此外，宋太祖还在中央设立了分管财政的三司，设三司使和三司副使，又称“计相”，总管各地贡赋和中央财政。这样，就形成了“中书主民、枢密院主兵、三司主财，各不相知”的政治体制，加强了中央集权的统治。

葛贤痛打税监

明神宗是个贪财如命的昏君，他追求享乐生活，没完没了地搜罗金银珠宝，把国库都挥霍空了，就千方百计向民间搜刮。

这个时期，农业生产和手工业逐步发展，在东南沿海一带商业也繁荣起来。在苏州，丝织业特别发达，富裕的机户开始开设工场，雇用机工，城里的机工总共有几千人。

这种商业城市的繁荣情况，使明朝统治者认为有利可图。为了榨取更多钱财，明神宗就派了一批宦官到那些城市去收税，这种宦官就叫做税监。税监不但征收苛捐杂税，还向百姓敲诈勒索，把百姓害得好苦。

公元1601年，明神宗派税监孙隆到苏州征税。孙隆一到苏州，就跟当地地痞土棍勾结，在苏州城各处设立关卡，凡是绸缎布匹进出关卡，一律征收重税。商贩交不起税，就不敢进城做买卖。这一年，正好又碰上一连两个月阴雨，苏州闹了一场水灾，桑田淹没，机户停工。孙隆一伙还要向机户收税，规定每台织机收税银三钱；每匹绸缎，收税银五分，这一来更逼得许多机户倒闭，机工失业。

有一天，织工葛贤（又名葛成）路过葑门，见到孙隆手下几个税棍，正围住一个卖瓜的农民痛打。葛贤一打听，才知道那瓜农挑瓜进城的时候，税棍逼他交税，交不出就抢他的瓜；等瓜农卖了瓜，买米出城的时候，税棍又抢他的米顶税银。瓜农不答应，就遭到税棍的痛打。

葛贤平日对税监的压迫剥削，本来就怀着满腔气愤，看到这情形再也忍不住了，他挥动他手里的芭蕉扇，高声呼喊打坏蛋。路边的群众一呼百应，像潮水一样涌到葑门税卡。税棍黄建节想要逃跑却已经晚了。群众把他包围起来，拾起乱石、瓦片向黄建节扔去。这个作恶多端的恶棍，被乱石打得头破血流，丧了性命。

这时候，群众越聚越多，反抗情绪也沸腾起来。葛贤看到大伙打死了黄建节，知道事情闹大了，就和群众一起，到玄妙观开会商量。大家一不做，二不休，推举葛贤等二十多人当首领，找税监孙隆算账。

葛贤等分路找到十二个税棍的家，点起了一把火，把他们的家全烧了；另一路群众浩浩荡荡来到苏州税监衙门，捉拿孙隆。一时间，呐喊声震天动地。孙隆吓得魂不附体，爬出后墙，狼狈逃到杭州去了。

孙隆逃出苏州以后，苏州知府下令捉拿参加暴动的人。葛贤得到这消息，怕连累大家，自己跑到苏州府衙门，说："带头的就是我一个人，要杀要剐由我顶着，不要牵连别人。"

知府正为这个案子抓不到为首的人发愁，见到葛贤挺身出来投案，就把他关进监狱。

葛贤进监狱那天，成千上万的苏州市民含着眼泪为他送行。

葛贤进了监狱，又有上千个人络绎不绝带着酒饭、衣服来慰问。葛贤再三推辞不收，大家还是不肯带回去，葛贤就把大伙慰问的酒饭等都分给监狱里被押的难友了。

明朝统治者看到这个情况，没敢杀害葛贤。葛贤坐了两年牢，终于被释放。

罗隐诗谏免鱼税

五代十国时期，吴越王钱为敛资聚财，征收了名目繁多的杂税，他还规定，杭州西湖边的渔民每天要缴纳鲜鱼数斤，以供其全家食用。因其住所系以前做节度使时的宅邸，便称这种额外税收为“使宅鱼”。当时的钱塘县县令、大诗人罗隐看到百姓深受“使宅鱼”之苦，想劝谏又苦于没有机会。不久，钱王召见罗隐时，拿出一幅《磻溪垂钓图》，说要和罗隐吟诗唱和。罗隐见画的是姜太公吕望于磻溪直钩钓鱼的故事，灵机一动：何不诗谏？于是当场口占一绝：“吕望当年展庙漠，直钩钓国更如何？若叫生在西湖上，也是须供使宅鱼！”钱王听罢，沉吟半晌，忽而开怀大笑道：“你用心良苦，令朕感动。连姜太公都怕纳‘使宅鱼’，看来，朕得把这鱼税免了。”当即下旨免去“使宅鱼”。

刘伯温夜写奏章减田赋

据说，刘伯温辅佐朱元璋完成帝业，建立明朝后，回到家乡青田察访民情。当他来到水南岭时，看到几个衙役正押着一个相貌忠厚的农民走过，刘伯温问旁边的农民：“他犯了什么罪？”这个农民唱起山歌来回答：“三年大旱三年灾，百家种田百家哀；缸无粒米怎完税？官吏日日捕人来。”刘伯温经调查，当地确遭三年大旱而田赋未减，决心请求洪武帝给青田百姓减免田赋。于是，他在岭头村子住下，连夜写奏章，一直到天亮才写好。洪武帝朱元璋上朝后，从太监手里接过刘伯温的奏章，边看边念：“青田，青田，叠石成田。田无水，民无粮，赋粮减半、减半再减半……”这时，只见刘伯温从容地跨出一步，跪下磕头说：“谢主隆恩！”朱元璋这才恍然大悟：原来是中了刘伯温的计！可是君无戏言，就只好同意减掉青田部分田赋。据说青田人感激刘伯温的恩情，为纪念他，就把他通宵达旦写奏章的村子取名为“章旦”。

包公曾任税官

包拯（公元999—1062年）是北宋有名的清官，他一生担任过县官、州官、副丞相等职务。但包公早期还担任过税务官，这恐怕就鲜为人知了。据《宋史·列传》记载，包拯“始举进士，徐大里评事，出知建昌县。以父母皆老，辞不就。得监和州税。父母又欲不行，拯即解官归养。”宋代的和州即现在的安徽省和县，看来，包拯担任的第一个实职就是和州的税务局长。后来他多次任过三司户部副使、转运使等有关财会户籍的官职，一直很关心国家的经济、财政、税收，对于发展农业、改进征课制度、减轻民众负担、节约经费开支等多有创见和建树。

苏东坡、王安石税改之争

苏东坡（公元1036—1101年）与王安石（公元1021—1086年）均是宋代的文坛巨匠，同在“唐宋八大家”之列，在当时的政治舞台上也各有建树，尤其是王安石变法影响很大。然而，十分敬重王安石学识的苏东坡，却是王安石变法的反对派，特别是在赋役制度改革方面，两人分歧较大。

1069 年，宋神宗任命王安石为参知政事，主持变法。王安石在赋役制度方面推出了均输法、募役法等改革措施。

当时，政府除了征收田赋外，还要向各地征收土特产作为贡品。每年不论丰歉，州府都要按定额发送京城。改革中，王安石推行均输法，设发运使统管淮南富庶六路（省区），凡京城所需贡品，就近直输京城，过剩贡品就地卖掉。同时，政府拨款五百万缗（贯），丰年低价购储部分物资，移丰补歉。苏东坡却反对均输法，认为这既加重了政府的财政负担，又影响了国家的商税收入。国家“五百万缗以予之，此钱一出，恐不可复。纵使其间薄有所获，而征商（税）之额所损必多”，是“亏商税而取均输之利”。（《宋史·食货志》）

改革中，王安石还推行募役法，规定应服役之户，一律依照政府划分的等级，随同夏秋两税缴纳免役钱，不再服差役。政府用这些免役钱雇人服役。苏东坡认为“自古役人必用乡户，犹食之必用五谷……虽其间或有他物充代，然终非天下所可常行”。（《苏东坡集·奏议集》）改百姓出力为出钱，是对百姓利益的一种损害。尤其是遇灾年可免赋税，但役钱不能免，等于增加一项苛税。“二害轻重，盖略相等，今以彼易此，民未必乐”，因此坚决反对。

但苏东坡并非像司马光一样保守，只是反对王安石急于求利，他希望通过缓和的改革，兴利除弊。他主张“轻赋役”，提出减免零售商的赋税，刺激商业的发展，增加商税收入。“小商不出税钱，则所在争来分买；大商既不积滞，则轮流贩卖，收税必多。”他在被贬为地方官时，曾减赋赈荒，不断兴革，也颇有政声。

两人虽政见上有分歧，但在许多方面仍互相欣赏。王安石去世后，苏东坡撰文写下了“瑰玮之文，足以藻饰万物；卓绝之行，足以风动四方”，给予王安石高度评价。

朱熹上书请减税

朱熹是南宋著名的哲学家、教育家。他一生除了著书立说外，还同税收有着不解之缘。

宋高宗绍兴十八年（公元1148年），19岁的朱熹中了进士。步入仕途不久，因其抗金主张无法实现，于是辞官居家10余年，潜心研究学问，教授弟子。宋孝宗执政后，颇为赞赏其才学和“安贫守道，廉退可嘉”的品德，淳熙五年（公元1178年），朱熹第二次应召入朝，先后担任提举江西常平茶盐公事（执掌茶、盐税）、江东转运使（执掌财税）等掌管一方税收的重要官职。

淳熙七年（公元1180年），朱熹担任知南康军（管辖今江西永修、都昌一带）。当地发生旱灾，他全力救灾，并创立了“社仓法”，即向官府和富人借粮米，建立社仓，登记灾民户口，散粮赈济。待来年丰收时，加息计米偿还，从而救了不少人。同时，他上书当朝，痛陈当时税收体制存在的弊病，请求为民减税。其奏曰：“今民间二税（夏、秋两季）之入，朝廷尽取以供军，州县无复赢余，于是别立名色巧取。今民贫赋（税）重，惟有核兵籍，广屯田，练民兵，可以渐省列屯坐食之兵，稍损（减）州郡供军之数。使州县之力纾（放宽），然后禁其苛敛，责其宽恤，庶几穷困之民得积极生业，无流移漂荡之患”（《宋史·食货志》）。后来，皇帝采纳了他的建议。公元1181年，浙东发生饥荒，孝宗又调他到浙东救荒，并将“社仓法”推行各地。他在浙东救灾成效也十分卓著。朱熹读圣贤书，一身正气，关心百姓，痛恨腐败，任内颇有政声。

朱熹虽然传承了儒家的“薄赋敛”思想，但多次出任地方官和税收官吏的经历，又使其充分认识到赋税对国计民生的重要性，所以，后来他在《朱子训子帖》中曾写道：“国课早完，囊橐无余，自得至乐。”朱熹谆谆教育子女：必须按照国家规定的税法，足额及时地将所纳的税款缴入国库，不应拖欠国家税款一分一厘；即使是自己因此而造成经济拮据，自己也感到心安理得，内心由衷地感到欣慰，因为自己尽了一个纳税人所尽的义务了。朱熹训子之道，多合情理，很值得我们后人学习。

朱元璋斩驸马治税

为了严肃茶叶专卖制度，增加赋税，就是驸马犯法，朱元璋也是执法如山，严惩不贷。

洪武末年，驸马都尉欧阳伦“奉使至川、陕”，眼见川茶私运出境销售，可赚大钱，便利令智昏，自恃皇亲国戚，不顾茶禁之严，“数遣私人贩茶出境”，派管家周保做起私茶生意来。对欧阳伦这种明目张胆的犯法行径，边疆大吏都不敢过问，陕西布政使（相当于省长），还趁机巴结，要下属为其“开放绿灯”，准予通行，并提供运茶车辆等种种方便。周保更是狐假虎威，随处课派百姓车辆，动辄数十辆之多。各种需索，也纷至沓来，所过之处，骚扰至极。某次贩私茶至兰县渡河，河桥司巡检依法前往稽查，反被辱打。这位河桥小吏气愤不过，便大着胆子向明太祖朱元璋告发了欧阳伦的不法行为。欧阳伦是安庆公主的丈夫。安庆公主是朱元璋极为宠信的马皇后所生。所以，论私情，欧阳伦乃是朱元璋的爱婿。但朱元璋懂得“有法必行，无信不立”的道理，知道不能私废公法，便在盛怒之下，将欧阳伦赐死，将周保等诛杀，茶货没收入官。

海瑞为民巧减赋

海瑞（1515—1587），海南琼山人，明代回族政治家，历史上著名的清官。他自幼攻读诗书经传，博学多才，明嘉靖二十八年（1549 年）中举，放任福建南平教喻，后升浙江淳安和江西兴国知县，推行清丈，平赋税，并屡平冤假错案，打击贪官污吏，深得民心。嘉靖四十三年（1564 年）任户部云南司主事，因上书批评世宗迷信巫术，生活奢华，不理朝政等弊端，遭迫害入狱。直至世宗死后才获准出狱。隆庆三年（1569 年）调升右佥都御史，他一如既往，惩治贪官，打击豪强，疏浚河道，修筑水利工程，推行轻赋政策，还强令贪官污吏退田还民，被百姓称为“海青天”。

嘉靖年间，明朝财政困难，赋税繁重，连中小地主都不堪重负，就更不用说黎民百姓了。海瑞深入浙江、江西等地调查后，亲自察得老百姓负担过重，深感忧虑，寻机奏请皇上为百姓谋福利。

嘉靖四十五年（1566 年），嘉靖帝常因身体欠佳不能正常上朝，而海瑞棋术高超，常常陪嘉靖帝对弈。一天，海瑞正为如何减轻百姓重赋而焦虑时，又被唤去陪嘉靖下棋。海瑞哪有心思下棋，他心里装着的是民情，惦记着的是如何减轻百姓赋税。他心不在焉，没走几步便处劣势。“将军！”嘉靖乘虚而入，得意地喊道。海瑞这才注意到自己的棋子，眼看就要败阵了。他力挽棋局，很快占了上风，轮到海瑞“将军”了，他灵机一动，脱口而出：“将军将军，天下钱粮减三分。”嘉靖不明白什么意思，只顾自己下棋。不一会儿，海瑞再次寻到一个好机会，便一板一眼的大声说道：“将军将军，天下钱粮减三分。”嘉靖仍不明白这没头没脑的话，反而认为有趣，也学着其腔调连声喊道："将军将军，天下钱粮减三分。"皇帝话音未落，海瑞早已离开棋盘，双腿跪地说："微臣领旨！"皇帝丈二和尚摸不着头脑，问海瑞是怎么回事。海瑞回答道："万岁不是吩咐，天下钱粮减三分吗？臣一定照办，一定照办。"那时皇帝是"金口玉言"，一言既出，即为圣旨，就得执行。这时，海瑞乘机将自己在浙江、江西调查的情况如实向嘉靖汇报，并连称皇上视民如子，关键时刻减轻税负，实乃稳定民心、顺乎民意、富民安邦的圣举。嘉靖一言既出，加之海瑞借机奉承，觉得有道理，只得下令减免赋税。

海瑞一生爱民，敢作敢为，居官清廉，刚正不阿，且机敏行事，为民谋利，为老百姓做了很多实事，深得民众的尊敬与爱戴。万历十五年（1587 年）海瑞在南京去世时，由于海瑞没有儿子，朝廷派人为他办理丧事。官员发现海瑞居住简陋，还不如一个穷书生；清理遗物时，只有 20 两银子，还不够办理他的丧事，朝廷上下无不为之感动。当地百姓得知他死，如失亲人，悲痛万分，当他的灵柩从南京水路运回故乡时，长江两岸站满了送行的人群，人们为失去"海青天"而痛哭。不少百姓甚至制作他的遗像，供在家里。

明神宗万历处决杀人税监

江南官员船漏偏遇顶头风，考核不合格又遭到税监敲诈，被殴暴死街头

1607 年 2 月（明万历三十五年正月），江苏省泰兴县知县龙镗赴京参加"大计"（明朝官员考核制度，每隔 6 年考核一次官员，考核外官名"大计"），因考绩不佳，被贬了官。当他走到广宁门时，遇到税监赵禄、王泰、张宪、邢相等人正在收税，见龙镗到来，于是便横加勒索。谁知龙镗的行囊空匮，税监们

就对他拳打脚踢，龙镗被打得口喷鲜血而死。

事后群众联名写了奏文，由兵部呈给皇帝，依法严办这伙税监。明神宗迫于公愤，把肇事者收监。经吏部查明：龙镗被打死，致命的一击出自赵禄之手。经过科道、法司合议，于2月18日（正月二十二日），将赵禄处决，邢相等3人充军。

税监其实是皇帝的人

明朝的税收继续沿用两税法，本由户部（财政部）主持，但明朝的君主专制独裁达到了顶峰，皇帝另外设立一个征税系统，由他亲自指派的宦官负责，称为“某地某税提督太监”。到明神宗万历皇帝年间时，由于长年边境战事，以及前后两百年修筑明长城，国家财力严重消耗，导致明神宗修建自己的陵墓定陵，耗时6年时间才最终建成。

定陵工程艰巨，每天役使军工、民匠3万余人，全国平均每户需摊派劳役六天半，共耗白银800余万两，为当时全国两年田赋收入的总和，可供1 000万农民一年的口粮费用。定陵建成后，万历带领后妃、臣僚来到陵园，一时兴起，竟在“生圹”（地宫）里饮宴起来。

为了榨取更多钱财，明神宗就派了一批宦官到各地去收税，这种宦官就叫做“税监”。税监不但征收苛捐杂税，还向百姓敲诈勒索，像天津的店铺税、东海沿岸的盐税，浙江、广东、福建等省的海外贸易税，成都的茶税、盐税，重庆的木税，长江的船税，荆州（湖北江陵）的店税，宝坻（天津宝坻）的鱼税、苇草税。普通税吏本已是烂污人物，但比起税监们，他们简直纯洁得如同婴儿。税监们只要用手向某商店一指，说他漏税，这个商店就是赔了老本儿都不能清偿。

朱元璋为了巩固朱家天下，通过废宰相等措施，使明朝的君主独裁达到顶峰。但到了明朝中后期，皇帝大权在握却昏庸无能、不理朝政，造成了宦官（太监）势力的极大膨胀。万历皇帝时，朝政废弛，官吏贪污，税监横征暴敛。明神宗派遣矿监、税监四出搜刮民财，成为万历年间一大弊政。明神宗派出去的矿监、税监都是身边亲信太监。这些太监倚仗权势，中饱私囊，无恶不作。在纺织业比较发达的南方地区，税监的横征暴敛更是严重，甚至发生了痛打税监事件，在全国其他地区也多次发生城乡居民反抗税监运动。但明神宗只在乎税监们有没有为他搜刮到钱财，如果税监空手而归，皇帝就特别不高兴，甚至处他们死刑。在皇权的庇护下，各地税监更加无法无天，胆大妄为。有的地区，征税征到了与拦路抢劫差不多的程度。还有的税监下令大规模挖坟掘墓找金子。税监的党羽们十分威风，敢在光天化日之下闯入民家，奸淫妇女。而龙镗被打死只是其中一件“小事”而已，税监赵禄、王泰、张宪、邢相四人也只是当时很“普通”的税监，比他们更为横行霸道的税监大有人在。

倒霉的龙镗来自江南

中国历史上惩贪官、反腐败最厉害的皇帝，恐怕要数明太祖朱元璋了。但到明代中后期，随着整个国家机器日趋腐败，朱元璋制定的制度遭到了严重破坏。当时，科场舞弊盛行，对官员的考核、监察名存实亡，连负责考核选拔官吏和惩治贪污的吏部官员和监察御史们，也大肆贪污受贿。花重金买到官位的“父母官”并无真才实学，一旦上台后，便大肆搜刮，贪污腐败。因此税监赵禄、王泰、张宪、邢相等人在广宁门遇到泰兴县知县龙镗时，便误认为这个贬官大有油水可捞。

贬官龙镗曾是江苏省泰兴县知县，是让税监赵禄、王泰、张宪、邢相等人认为大有油水可捞的另一原因。明朝中后期，南方已经成为中国的经济中心。江苏省是当时经济极度繁荣的地区，南京等地是当时的经济、商业大都市。江南地区农业生产和手工业逐步发展，丝织业特别发达，富裕的机户开始开设工场，雇用机工，城里的机工总共有几千人，东南沿海一带商业也繁荣起来。江南地区城市、市镇店铺林立，商品丰富，又有以享受型消费为主的茶楼、酒楼、戏院之类，以及一些有名的大妓院等。这些都让在北京广宁门的贪心税监们产生幻想，看到来自江南的贬官龙镗，自然认为他是个有钱的主儿。

当时的老百姓已经多年遭受税监的横征暴敛，各地反抗税监的运动时有发生。明神宗迫于公愤，拖了七八天才把肇事者收监下狱，然而却没有把明朝的统治长久拖下去。37 年后，李自成攻破北京，明王朝在中国近三百年的统治也随之结束。

李闯王非税失天下

明末农民大起义的著名领袖李自成带领千百万农民揭竿而起，推翻了明朝的统治，他襄阳建都、西安建国、北京称帝，但由于非税思想的影响，导致了他最后的失败，为国家政权的建立和巩固提供了借鉴。

李自成出生在明代末期，其非税思想的形成和发展受到复杂的历史和社会因素的影响。明代田赋，自嘉靖以来逐渐加重，万历年间，借抵御辽东清兵、镇压农民起义、训练新兵等名义，按田亩先后加征“辽饷”、“剿饷”和“练饷”，即历史上有名的“三饷加派”，总计增赋 1 670 多万两，超过了常赋一倍多，加上地方官吏的私加暗派、提前预征、繁多的劳役，农民不堪重负，叫苦不迭。在此重压之下，贫苦农民只得逃亡他乡。由于明廷采取严酷的“摊逃”办法，实行“十家连保”，“一家逃则令九家分赔，九户逃则逼一家独承”，“有赤子无立锥之地而包赔数十亩空粮者，有一乡屯而包赔数十项空粮者”。残酷的苛税盘剥，在李自成头脑里留下了深刻的印象。

同时，李自成深受重赋苛税之害的亲身经历，也促使他非税思想的形成。李自成是陕西米脂人；其家十世务农，父祖辈曾做过为官府催收田赋的“里役”。在其父李守忠时期，天灾连年，农民衣食无着，被迫大批逃亡。而官府“催督之令急于星火，参罚之例严于雷霆”。里役守忠收不足官府规定的田赋额数，弄得破产赔贴。幼年李自成迫于生活，因向地主艾同知借贷，后艾逼债甚急，自成不堪受辱，乃愤而起义。李自成不仅目睹重赋带给劳动人民的种种苦难，他本人也深受其害，因此对向农民课征田赋深恶痛绝。

李自成领导农民起义后，其非税思想又有进一步的发展，明确提出了“均田免粮”、“三年不征”的起义纲领，并始终信守到底。“迎闯王，不纳粮”成为吸引千百万农民参加起义的巨大磁力。崇祯十四年（1641 年），新受挫折的李自成兵进河南时，兵力不到一千人，但他所到之处，不征粮，不杀掠，深得人心。攻下洛阳后，士气大震，可谓“饥民荷锄而往应者如流水，日夜不绝，一呼百万，其势燎原不可扑”。次年，攻下湖广重镇襄阳，于崇祯十六年（1643 年）改襄阳为襄京，建立了农民革命政权；不久，又攻克西安，建国大顺；崇祯十七年（1644 年），起义军攻入北京。短短三年时间，农民军以摧枯拉朽之势，席卷大半个中国，宣告明王朝的覆亡。“三年不征”与此前明王朝的强摊粮饷、无端掳掠形成鲜明的对比，李自成“不纳粮”政策取得了巨大的成功。至此，非税思想在李自成头脑里已是根深蒂固。

农民政权建立后，起义军已从几千人发展到近百万人，李自成不向农民征税，又靠什么来维持军需和政权的开支呢？李自成主张“杀富济贫”，满足军需和政权的开支主要靠“打粮”，即抄没官府、豪富的粮食和资财维持。如兵进河南攻克洛阳后，及时对官府、皇亲、勋戚、富豪等“籍其家以赏军”，仅在洛阳城中抄没福王藩邸和富室米粮达数十万石，资财、布帛无数，除约 10% 赈济饥民外，其余均入充军饷。西安建国后，又籍没明秦王朱存枢资产数百万，并开始实行著名的“追赃助饷”政策，即强令官僚豪绅退出贪剥之赃以助军饷。占领北京后，为满足国家政权运转开销，一是籍没府库、皇宫、宗室、勋戚、太监等的财产；二是在北京及大顺辖区推行“追赃助饷”。为确保“追赃助饷”顺利进行，李自成在“户政府”下设立“催饷司”，专管其事；又在“刑政府”下设立“催饷镇抚司”，配合刑追。北京的追饷，虽然缴得钱财无数，但过火的追饷行动引起了强烈反抗，京城为之轰动。军师宋献策借“天变”名义，谏止其事。李自成发现追饷过火，下令停止京城追饷，对原明朝官吏，无论是否交足派额，一律释放回家。

过火的追赃助饷，不仅没有从根本上解决国家财政的需要，而且斗争矛头指向全部官绅，波及普通商民，打击面过大，已经引起了社会的动荡不安。当李自成撤离北京回西安后，下令全面停止“追赃助饷”，以期稳定后方。尽管后来又逐步实行按亩征税，但为时已晚，在满、汉地主武装夹击下，起义军由盛而衰，最后惨遭失败。

李自成的非税思想虽然是明末苛税重赋逼出来的，但也是农民褊狭意识的反映。基于这种思想，李自成不是通过合理的赋税制度，而主要是采用过火的“追赃助饷”取得财政收入。这就犯了打击过宽、树敌过多的致命错误，是导致他最后失败的重要原因之一。

烟税第一人——马建忠

第二次鸦片战争以后，封建保守的统治阶级思想上发生了变化，一部分人开始认识到外国的“利器”对中国“自强”、“求富”的重要性，于是纷纷筹办所谓“洋务”。在洋务筹议中，有一个人喊出了征收烟草税的主张，这个人便是马建忠。

马建忠字眉叔，1845 年生于江苏丹徒（镇江）一个天主教徒的家庭，自幼受到西学的熏陶，稍长入上海依纳爵公学学习。1876 年，为探求中外“得失之故”，马建忠毅然抛弃科举，赴法国留学。在法期间，他学习了英、法、希腊等国语言文字，而且努力探求西方先进的政治、经济、科技知识，曾被驻法公使郭嵩焘聘为翻译。1879 年获博士学位归国，在天津入了直隶总督兼北洋大臣李鸿章的幕府。

当时，李鸿章正在兴办一系列“洋务”事业。而专究西学的马建忠便成了李鸿章办理洋务的得力助手。1881 年，马建忠受李鸿章差遣赴印度同英国人谈判鸦片专售事宜。在谈判中，马建忠提出“鸦片流毒，中外腾谤，当寓禁于征，不可专重税收”。他的观点赢得英国人的同情，“虽未遽许”，但英人“皆称其公”。1882 年，朝鲜发生政变，清廷派马建忠、丁汝昌、吴长庆等带兵前去助朝鲜“平乱”。事后归国。1884 年，李鸿章委派他为招商局总办。1899 年，著《马氏文通》，这是我国第一部较全面系统的文法专著。1900 年病故。

马建忠身处“中兴大臣”的官僚幕府，长期奔走域外，时有论说记述，“欲上下中外之古今”，“究其兴衰之所以”，并结集为《适可斋纪言纪行》。他在《上李相伯覆议何学士奏设水师书》中，谈到建水师筹款的第二项建议时说：“水烟、旱烟饥不可粟，寒不可衣，前明本在例禁；近日吸者，不论男女，十有六七。统计天下户口，计大县不下百万，中小者约五六十万。今年至少科计，每县吸食以十万人计，每人日捐钱半文，一县得钱五十千，一年得钱一万八千串；通各直省一千三百余州县，计一年约可得钱二千万余串。惟抽之于吸烟之人，未免苦其繁杂。若就地抽征之法以税出烟之地，各省罂粟概以此例，则岁可盈银至少亦二千余万。西国重征旱烟而不征食盐，盖食盐为贫富所用，故弛其禁，若水旱烟非日用所需，故征析秋毫。查英国岁收烟税二千余万，法国近四千余万，其他各国，少亦至数百万，此事之可为者二也。”马建忠的主张虽不成熟，却谈到了烟税对于国家财政收入的重要性，并援引英、法等国之例，显示了他丰富的西学知识。他知道这些建议不会为清廷采纳，故在文章最后说：其建议“非不能也，是不为也”。

洋烟、洋酒初入中国，把持在洋人手里的海关皆免征税。而对中国的出口大宗产品丝茶之税予以重征。对此，1890 年，马建忠在《富民说》中言：“吕宋烟、葡萄酒等货，外洋征税甚重，有值百抽百者；而通商税则皆以为洋人自用之物，概皆免征。修约则可重征其税，而减轻出口税之数亦可因以取偿矣。倘使总署王大臣（王文昭）坚持其议，各国必能就范。”又一次强调征收烟草税的重要性。

总之，马建忠作为近代资产阶级改良主义的代表人物，其征收烟草税的主张，在当时的历史条件下，是具有一定的进步意义的，并为清末民初筹办烟草专卖制度提供了理论依据。

周瑞豹征税不力丢官

在我国历史上，县官最重要的任务有四：征收赋税、钱粮；维持地方治安；宣传教化民众；组织生产建设。明太祖朱元璋将县级政府的主要职责进行归纳，并由礼部榜示天下，征收赋税、钱粮被摆在第一位。之后，历代皇帝基本上都把能否按时足量缴纳赋税作为考核县官政绩的首要标准，有的还强调考察官吏政绩必须审定其任内赋税是否按规定足额征纳。如隆庆帝在隆庆五年（1571 年），公布了完不成税收任务停发俸禄的措施，并诏令“征赋不及八分者，停供司俸”；明末崇祯帝更是严格要求县官务必完成税收任务，强调“征赋不及额者，不得考选”。

话说崇祯六年（1634 年），有个叫周瑞豹的在四川为官，官至七品。周为官最大的特点是心装百姓，为民谋利。据说在崇祯年间，四川大旱，周所在的达州久未下雨，不少地方颗粒无收，周瑞豹在救济百姓方面做了不少事，如帮助百姓修筑塘堰，挖井取水以缓解旱情；同时，还在周边地区广为赈灾，以解除百姓之苦。方圆百里的穷苦百姓有口皆碑，称周瑞豹是个好官。

就在这年，朝廷举行考选，周瑞豹因为民办事，群众基础好，深得百姓的称颂，一致推荐到成都去经理大事。主持考选工作的官员通过调查、走访，“凡问及此，百姓赞不绝口”。考选官员十分满意，并以专奏向朝廷请示，拟荐周为四川巡抚。

但由于四川大旱，几年来，周瑞豹均没有完成税收任务。按当时主考官意见，周瑞豹作风正派，为人实在，敢于吃苦，业绩显著而一路绿灯，并特将周瑞豹荐给崇祯。而就在这时，一好事者向朝廷报告了周瑞豹连年没有完成税收的问题，正被起义农民军搞得晕头转向的崇祯听后大怒，他认为，在明廷财政严重空虚，政府开支捉襟见肘的关键时刻，朝廷命官竟荐一个不能完成税收的知县升官，简直是目无国法，无理取闹。面对上朝的百余位命官的苦苦哀求，崇祯仍然写下了御笔——周瑞豹非但不能升迁，反而还被“削职为民”，丢掉了“乌纱帽”；同时，主持考选工作的三人亦有二人因涉嫌包庇、欺君等罪名，受到了严厉的处罚，革除职务，“解甲归田”，逐出京师，永不再用。

周瑞豹因四川大旱而没有完成税收任务，尽管自己恪尽职守，百姓欢呼，终因“触犯皇律”，受到了崇祯的严厉处分。这一方面说明明代对县官完成税收任务的考核十分严格，另一方面也说明作为县级政府要员，不仅要抓而且要抓好税收工作。这也是值得我们提倡和借鉴的。

康熙收税

康熙是我国封建社会历史上一个英明的君主。他不仅是一个杰出的政治家和军事家，在经济治国、理财治税方面也是一个行家里手。康熙在繁荣经济、改革税制的同时，奖励清正廉洁，惩罚贪污受贿，对税收征管中贪污舞弊的官员处罚极严，从不手软。

一、严惩以税谋私的贪官

四川布政史卞永式在征收国家税收时，每征收200两白银自己私自加收12两白银，除贿赂给四川巡抚能泰等官员20 200两白银外，自己共贪污白银17 000余两。卞永式按律法本应被处死，但因其不久病死，故未再追究，能泰因受贿被处死。山西太原知府赵凤诏，私自设立税种名目，强行征收并私吞白银174 000余两，也被处死。山西新任巡抚倭伦包庇下属官员亏空国家金库，将国家税收占为自己所有，被康熙降职三级。

“依法治税”是依法治国的具体表现。私设税种，加重老百姓负担的行为，说大一点的后果就是“祸国殃民”。

二、康熙皇帝查税——探花不值一文

康熙年间，苏州一带绅士逃税之风甚烈，涉及者共万余人。为此，康熙皇帝下令一律取消功名，其中3 000人交刑部议处。在顺治皇帝时考中“探花”的昆山儒生叶子蔼，也欠税折银一两。叶探花上书求情：“所欠一厘，准令制钱一文。”料想是会恩准的。然而，康熙皇帝还是照样除了他的功名。

这事在江南一带成了一句民谣：“探花不值一文”，并四处流传，偷漏税者，莫不惊恐。

三、“康乾盛世”的关税

康熙二十三年（1684年），清政府在澳门、漳州、宁波、云台山（连云港）设海关征税，开始与外国通商，这也是我国创立海关之始。

设立海关后，清廷宣布对荷兰、暹罗（泰国）等国商船免税，对其他各国商船也减免商税，以示大清“怀远”政策。康熙二十八年（1689年），颁布海关征收则例，把进出口货物分为食物、衣物、用物和杂物4类，从价课税，进口货物税率为4%，出口税率为1.6%。另外，海船按大小征收船税，每船约2 000两白银。此时，海关关税不重，沿海各地商业极为兴盛，西方各国争相前来贸易。

由于当时封建自然经济占主导地位，对洋货需求较少，而出口的丝绸、瓷器很多，所以清朝一直占据着贸易顺差的优势。之后，以英国为首的西方殖民者在我国沿海进行走私鸦片等一系列非法活动。乾隆二十二年（1757年），朝廷下令，浙江沿海关税增加一倍，目的是减少西洋各国北上通商，“滋扰生事”。后来干脆封闭了其他港口，只准广州一处通商。

乾隆五十八年（1793年），英国以给乾隆皇帝祝寿为名，派使臣到热河行宫朝见乾隆皇帝，提出准许英国商人在宁波、舟山及天津、广东自由通商并减免税收的要求，当即遭到乾隆皇帝的拒绝。乾隆在给英王乔治三世的谕旨中指出：尔国所请“与天朝体制不合，断不可行”。

乾隆皇帝强硬地捍卫了清朝的关税主权和国家利益，但闭关锁国的政策限制了正常的对外贸易，也留下了后患。

雍正的“火耗”归公

在封建社会，统治者靠加征附加税以及各种摊派，大量搜刮民脂民膏，明代中后期的“火耗”附征就是一例。

明代中期实行“一条鞭法”后，赋税普遍征银。百姓所缴的银子由于纳税量不太多，大多以小块的碎银为主，各州县府衙汇总上缴国库时，要将碎银熔炼成大块，在碎银熔炼过程中发生的损耗，州县官吏要求百姓补足，于是在应缴税银之外，纳税人还要多缴一些，这多缴的部分就叫“火耗”，用来补偿熔炼碎银损耗和运输费用。按照碎银熔炼损耗规律，一般损耗率在1%～2%左右，而州县官吏却大肆多征，每两加耗到二三钱，附加税达到正税的20%～30%，有时更高。清初，征收火耗比明代有过之而无不及。据文献记载，康熙后期，各省征收火耗一般省份达到三四钱，最高的达到七八钱，百姓不堪重负。

清代火耗征派量加大，除地方官吏贪得无厌，借火耗之由巧取豪夺外，还与清初官员实行低薪制度、允许地方官吏加征火耗补其不足有关。清初，一般知县年俸仅45两，远远不够养家糊口、聘用师爷、贿赂上司、迎来送往的开销，怎么办？唯一的办法就是从火耗征收上打主意，火耗也就越征越多。州县官吏对多征的火耗也不敢独吞，他们还要给知府、道员、按察使、布政使、巡抚、总督及其管家、门客送礼，而地方官员则要给中央衙门和大臣个人送礼。火耗的狂征，一方面腐蚀着整个官僚队伍；另一方面，加重着人民的负担，同时也影响了国家税收的增长。

滥征火耗，侵蚀税收，动摇国本，危害极大。康熙前期曾诏令禁止州县官吏私征火耗，但由于地方官员的反对和抵制，屡禁不止，朝廷也就只好默许了。

雍正元年（1723 年），雍正到山西巡视，山西巡抚诺敏上书雍正，陈述该省征收火耗问题十分严重，民众怨声载道，要求将山西各州县征收的火耗银钱都上缴到省里，一部分抵补国库亏空，一部分作为养廉银发给各级官吏，以革除官员中普遍存在的贪污恶习。雍正详加斟酌后，命令诺敏在山西搞试点。第二年，山西布政使（相当于省长）高成龄上奏雍正，详言山西火耗征缴试点做法以及火耗归公之利，请求皇帝谕令各省将所得火耗银统计数目，先行奏明，使中央明了，年终再把它发给各官养廉，支应公费、留补亏空等数目详细上奏，杜绝官员窃占挪用、中饱私囊。雍正对高成龄的奏议十分重视，在广泛征求大臣们意见的基础上，雍正指出：历来火耗皆州县征收时加派横征，侵蚀国税不下几百万两。原因是除正常熔炼亏空外，大多分送上司，种种馈送，名目繁多。州县肆意贪污，上司曲为容忍，这种积弊应当清除。他采纳了高成龄的建议："与其州县存火耗以养上司，何如上司拨火耗以养州县？"于是果断决定：各省将所征火耗提解归公，另外发放养廉银作为官员的财政补贴。

雍正实行火耗归公和养廉银制度，其要点有四：第一，公开声明"州县火耗原非应有之项"，之所以继续收取，是出于补助地方政府办公费用不足和发放官员养廉银的需要；第二，各省委托所属州县按照规定的火耗率组织征收，收取的火耗全额上缴国库，再由中央下拨，以补助地方公务开支及发放养廉银，同时规定地方必须接受中央的检查和监督；第三，各省可根据情况灵活掌握火耗征收，但在中央规定比例内只能降低，不能提高，擅自提高者，严加惩处；第四，发放养廉银后，如地方官吏还私下加派，掠夺百姓，贪污受贿，应严厉惩处。经过 6 年的努力，雍正在全国各省实行了火耗归公的改革，被称之为"万世不易之法"。

火耗归公制度的改革，收到了明显的成效：一是加强了中央集权，削弱了地方财权，一向由地方支配的火耗收入转为中央集中控制和管理，增加了地方政府对中央的依赖程度。二是遏制了地方官吏私自滥征加派的歪风，澄清了吏治。火耗归公后，中央对各省征收火耗银由过去的暗收改为明收，并规定征收率，大大遏制了地方官吏滥征加派之风。同时，中央拨补地方行政开支不足，发放地方官吏养廉银两，促使地方官吏大大减少了腐败行为。三是减轻了百姓负担。火耗归公后，各省火耗率一般固定在10%～15%左右，百姓负担大减。四是大幅增加了中央财政收入。仅仅十几年时间，国库存银由康熙末年的800万两增加到雍正末年的6 000万两。

雍正实行火耗归公及其补助地方行政开支、发放养廉银等一系列制度，做法具体、效果明显，对于我们当前的税费制度改革具有一定的借鉴意义。

乾隆反对征收“过头税”

清朝前期，在内地水陆交通要道设税关，从价征收货物通过税，称关税（内地关税）。

当时，关税分两部分，即“定额关税”和“盈余关税”。“定额关税”属正税，是清政府规定每个税关必须征收的固定数额的税款，被列入政府财政收入计划中。清初统治者提倡“藏富于民”，“定额关税”数额长期不变，以体现“不加赋”的赋税原则。然而，康熙初年，为平定“三藩之乱”，军费开支巨大，于是鼓励在“定额关税”之外多征税款，称“盈余关税”，并出台了一套考核奖惩措施。康熙十四年（公元1675年）规定：关税征收溢额（增收）者，满千两，加一级；5 000两以上者，优先晋升。“盈余关税”少于上年的，少1分以上者，罚俸1年。这一办法促进了“盈余关税”大幅增长。战争结束后，随着财政状况的好转，奖励多征“盈余关税”政策被取消，但年年超收的观念却流传下来，并成为各税关攀比政绩的一项内容。雍正年间，各税关每年向户部报告征税数额时，盈余部分必须多于上年，否则不予通过。

乾隆执政后，国力富足。同时，他也洞察到“盈余关税”导致税关苛索商民，影响社会安定和经济发展的弊端。乾隆六年（公元1741年）规定，各税关每年盈余银两只要与上年相仿即为合格，不主张年年增长。此后，“盈余关税”明显减少。乾隆十四年，户部又提议恢复奖惩制度，以防关税下滑。乾隆再次阐明了反对征收“过头税”的观点，同时，再次明确了盈余基数。“十四年，户部言关榷盈余递年减少，应较上届短至一分以上者，按数定处分。”（乾隆）上谕：“盈余本有而岁减一岁，其弊自在漏卮，但所称与上届比较，不无流弊。有如甲盈一万，下届之乙必思盈及（一）万有五千，再下届之丙又将增加二万，似此相竞不已，将何所止？非理财之正道。嗣后各关解交，当以雍正十三年数目为额，短少者，该部按所定分数议处。”（《清史通志·食货略》）

林则徐扬州堵逃税

林则徐虎门销烟的壮举早已家喻户晓，但林公扬州治税的伟业却鲜为人知。

满清时期，税收大多沿袭旧制，钞关改为户关后，主要课征正税、商税和船科。扬州地处要塞，自古扼淮盐咽喉，是商旅必经的水路要冲，早已是苏中重镇。当时，这一带商品交易发展迅速，商民因船运方便、价廉而多走水路，官府为征收税课，于是在扬州关的白塔河、中闸两口设卡对南北货物、船只征税。

泰州与扬州相距百里，当时系扬州所辖，地处鲁汀河、通杨运河等几条河流的交汇处，称之为扬泰地区通江达海的门户和捷径，也是出入运河的必经之路。一些商船为逃避扬州关税，大多绕道泰州。为制止商船的逃税行为，扬州关则在泰州设置分支机构，在泰州的滕坝、鲍坝和北门外西滋河口（即三坝）增设关卡，对运进运出扬泰地区的货物征收落地税和运销泰兴土产税，其余南北来往货运仍需在扬州关的白塔河、中闸两口（即两口）通行纳税。然而，此举未能奏效，南北货运绕道泰州逃税行为依然严重。后来，官府下令堵死滕坝口。于是，商民则又采取越坝偷运的形式逃税，即南北航运行船至坝口后，将货物卸船翻坝，运至另一边等候的其他船只上，并且出现了专营越坝逃税的专业户。这种情况在清道光十二年（公元1832年）前100多年一直存在，扬州税务管理在“两口三坝”区域征纳矛盾十分突出，内河营运逃税现象越来越严重，不仅导致朝廷税收大量流失，而且还激发了一些社会矛盾。

清道光十二年，林则徐由东河总督授江苏巡抚。鉴于历史上扬州的特殊地位，历任巡抚都不敢马虎，林则徐也不例外，他上任不久就两次到扬州、泰州巡查。第一次到扬、泰巡查，刚抵泰州，鞍马未定，一中年妇女牵着小儿跪倒在他面前喊冤。只见她两眼红肿，声音沙哑，泣不成声。林则徐问妇人有何冤枉。妇人自称杜汪氏，东台人，其夫杜仲从事船运，常年往返于扬州、泰州、东台、海安之间，全家老小就靠这条船维持生计。杜仲因为人实在，服务周到，人缘好，生意倒还红火。前两天接运一批货物到泰州，船刚靠岸，就遇上官府来人查货，说是要课税。货主与官府来人发生了争吵，官府来人要货主立即交税，否则将没收货物。情急之下，双方竟打斗起来了。势单力薄的货主哪是官府来人的对手！就在官府查封货物时，货主乘人不备一把火点燃货物后逃之夭夭。船上起火，货烧了事小，可这船却是杜家的命根子！杜仲一马当先，奋力扑救，虽然“近水楼台”，但“近水还是没有救下烈火”，杜仲被烧了个半死，船上的货物被烧了个精光，船只亦被完全烧毁。这可怎么办？货主不知去向，官府不管，船夫实属冤枉，哭求无门，还请林大人为民做主！

林则徐急忙召来泰州知县，问这为税争吵、为税打架、为税烧货、为税毁船是怎么回事。知县对杜家船只被烧一事了如指掌，但苦于没有抓住货主（纵火者），对如何处理也束手无策。至于为税争吵、打架、烧货、毁船之事，知县把他在这里执政三年多的所见所闻和盘托出：这为税争吵打架的事经常有，莫说烧货毁船，就是杀人之事也并不鲜见，我当知县三年多，年年都有类似事件发生。扬州这地方航运船只大多要经过泰州，据说自扬、泰地区设置堵税的“三坝两口”以来，征税与逃税的争斗就没有停止过，民间有个顺口溜：“一到三坝两口，商人为税发抖，白天盘算翻坝，夜里巧妙偷渡。”前任巡抚为解决翻坝偷税问题想了不少办法，伤了不少脑筋，但偷税者有增无减，时常为税的事情引发争端。林则徐问道：“难道就找不出个办法？”知县答道：“难啊！据说百把年来都是如此。”

林则徐实地考察后，提出了治理越坝逃税的主张：制发安民告示，如在扬州关卡张贴明令禁止逃税，违者严惩重罚的告示，开展大规模的税收宣传活动，使船运货物经营者懂得运销货物应该交税；责令泰州地方官员照章征税，并派税司赴泰州滕坝、西滋河口等地设伏稽查；严肃政令，严惩借对货物征税而巧立名目、强征暴敛的官吏及行为。此举推出一年后，情况大为改观，扬州关税有了较大幅度的增长。1835 年，林则徐再度来扬、泰巡查，见积弊已除，甚为高兴，特在滕坝等处树立了《扬关奉宪禁滕鲍各坝越漏南北货税告示碑》，同时再次在泰州口岸及三坝告示商民：贩运货物须至扬关缴税，不得避重就轻，私自绕越，否则一经查出，从重治罪。这样，不仅威慑了商贾，而且警示了世人。

洪秀全：“不要钱粮”的得与失

清末道光年间，封建制度已经发展到了十分没落的阶段，当时的吏治可用流传的一句话来概括：“官以贿得，刑以钱免。”就是说，官员的所得，主要来源于贿赂；犯法的人，只要有钱，可以不治罪。朝廷的腐朽堕落，致使民不聊生；连年严重的自然灾害，老百姓不仅得不到朝廷的扶持与宽容，相反，朝廷还要以各种名义摊丁加税，老百姓不堪重负。

为了推翻没落的封建制度，1851 年 1 月，洪秀全在广西桂平县金田村揭竿而起，发动了历时 14 年的中国近代史上规模最大、历时最长的农民武装起义。1853 年，起义军攻克南京，号称太平天国，定都南京并改称天京，先后颁布了太平天国的施政大纲——《天朝田亩制度》和《百姓条例》。在这些施政纲领中，一个倍让人们关注并且心跳的口号便是“不要钱粮”。在太平军起义初期，真的做到了“不要钱粮”，老百姓一片欢腾，纷纷投入到太平天国起义的队伍之中。

随着太平天国农民政权的建立和巩固，国家机构从无到有，数量从少到多；农民起义军队伍日益壮大，官兵将士日众，维持政权运转的财政问题日益显现出来：武器无钱铸造，训练无法保障，就连太平军吃饭、穿衣都难以补给。严峻的财政危机，已在一定程度上动摇着军心，威胁着太平天国的政权。

面对日益严峻的形势，1854 年，太平军三大将领杨秀清、韦昌辉、石达开在深入调查研究的基础上，联名向洪秀全写了一个《奏请准良民照旧交粮纳税本章》，里面说：“建都天京，兵士日众，宜广积米粮，以充军储而裕国课。策军细思，安徽、江西米粮广有，宜令镇守佐将在彼晓谕良民照旧交粮纳税。”对此，洪秀全非常重视，先后深入实际考证，自感交粮纳税问题非解决不可，便写下批示：“御诏：胞等建议是也，即遣左将施行。”

洪秀全批准在统治区恢复纳税问题时，思想上进行过激烈的斗争。太平军起义之初，洪秀全曾许下宏愿，并以“不要钱粮”作为金田起义的口号之一。太平军所到之处，老百姓无不欢欣鼓舞，高呼万岁。现在话音刚落，又发下“御诏”，要老百姓“照旧交粮纳税”，岂不违背天朝施政大纲，自食其言吗？

随着太平天国的建立，洪秀全对交粮纳税问题有了新的认识：要巩固太平天国的政权，必须不断扩充军队；要为百姓办事，使之安居乐业，必须建立必要的地方政权。而这些，必须要有充足的资金来源作为保障，而靠打天下缴下的钱粮，没多长时间就消耗掉了，靠太平军开荒种地供给钱粮，也只是权宜之计。至此，洪秀全认识到，打天下要钱粮，巩固天下更要钱粮，没有足够的钱粮，政权难以巩固，军队、中央及地方政权难以行使职能。必须要向老百姓征税纳粮。

那么，怎样才能让老百姓心悦诚服地交粮纳税呢？洪秀全用一条妙计赢得了老百姓的认可。

1855 年春节刚过，洪秀全急召杨秀清、韦昌辉、石达开，要他们三人分赴安徽、湖南、江西等地，赶在“三月三”办庙会之前，每个地方选择两三个有影响的庙宇，买通算卦先生，教算卦先生给人看相算命时，一定要把交粮纳税的事加进去，如在说某某要“添财加寿”时，要加上一个前提条件：如果不如实交粮纳税，不仅不能如愿以偿，反而还要“短寿失财”！再如在说某某可能会遇上灾乱时，要给人们“出谋划策”：“你是不是没有交粮纳税？要是没有就赶快交纳，这个不能拖欠，不然的话，很可能有灭顶之灾！”从庙会这天起，凡在这些地方庙宇算命看相的人都被告知要交粮纳税。在当时情况下，老百姓十分迷信，对这些影响大的庙宇算卦先生讲的话深信不疑，结果一传十、十传百，几天时间，这三个地方的老百姓都知道要交粮纳税了。加上太平军纷纷派人下到各地组织征粮纳税，老百姓没有追究洪秀全的食言，向天朝交税一事也就默认了。

从太平天国初期的“不要钱粮”作为号召人民起义的口号，到巩固政权时的“照旧交粮纳税”，这实际上反映了任何一个国家政权在建立以后都离不开税收，税收是国家机器运转的保障；洪秀全从反对捐税始，到重建税收终，实际上是反映了税收与政府之间不可分割的内在联系，一个政权是需要也离不开税收这个“奶娘”的。同时，洪秀全借用老百姓迷信，运用传奇方式扫清他们交粮纳税的思想障碍，说明老百姓其实还是懂得有国必有税这一基本道理的。

西门庆涉嫌偷税漏税

小说《金瓶梅》曾借媒婆文嫂之口，夸耀西门庆是个成功商人：“县门前西门大老爹……家中……开四五处铺：缎子铺、生药铺、绸绢铺、绒线铺，外边江湖上又走标船，扬州兴贩盐引，东平府上纳香蜡，伙计主管约有数十……家中田连阡陌，米烂陈仓，赤的是金，白的是银，圆的是珠，光的是宝……”文嫂没提到，西门庆还开着“解当铺”。

一般的商业经营方式有两种，一是坐商，有铺面，设店经营；一是行商，搞长途贩运。西门庆则是把行商与坐商结合在一起来搞。以缎子铺为例，这个店是他和亲家乔皇亲合开的，开始投资 1 000 两，两家各 500 两。靠着 3 万盐引，变了现钱。然后兵分两路，一路是伙计韩道国，从杭州购买货物运回。一路是仆人来保，到湖州丝绸产地，就地订货，坐等人家织出货来，然后经南京运回来。其间没有中间商经手，大大降低了成本。韩道国运回来的货物一共 10 大车，价值 10 000 两银子；来保运回 20 大车，价值 20 000 两银子。也就是说，1 000 两的投资，经过一番运作，变成30 000两，增值30倍，显然是暴利！

除了正常的经营方式外，西门庆还涉嫌偷税漏税。按照宋朝税制，三十税一。韩道国10 000两银子的绸缎货物，应当纳税300多两银子。但西门庆启动关系网，用50两银子行贿，得了钱老爹一封人情书信，过税卡时，货物“两箱并一箱，三停只报了两停”，最后货也不验，只交了35两5钱银子，就蒙混过关。当然，事后西门庆还要送一份厚礼给钞关。大概连交税带送礼，只花了100两银子。来保的货船从南京来，西门庆又用100两银子行贿，备了酒席礼物送给税官谢主事，至少漏税五六百两银子——在这里，国家吃了大亏，税官得了小利，获利最大的是西门庆。

宋子文与卷烟统税

1926年，时任广州国民政府财政部部长的宋子文提出：将2.5%统捐、卷烟特税等名目的捐税合并为卷烟统税，并于同年12月制定《征收卷烟统税办法》，将税率定为12.5%，使用印花票为纳税凭证，先在湖南、湖北、江西3省试办。卷烟一经商人纳税贴足印花后，行销3省，沿途无关卡截留，无稽征人员苛索，商民称便，反映颇佳。

1927年，南京国民政府成立，任命古应芬为国民政府财政部部长。古应芬认为，卷烟统税尚未普及到北伐军新占领的地区，而且当时的卷烟统税与外国相比较轻，于是参考各省的实际负担，按照统税办法，将税率改为50%，于1927年6月23日公布《国民政府财政部卷烟统税暂行章程》后施行。但当时国民政府各省税务尚未统一，卷烟走私猖獗，章程公布以后收效甚微。后将卷烟统税改为卷烟税，归国民政府财政部烟酒税处管辖，并于1927年9月公布《征收卷烟税章程》及其实施细则。自从卷烟统税改名为卷烟税后，因其税率仍为50%，各地烟厂认为税率提高过多，负担过重，一时难以接受，纷纷请求减轻税率。为使章程得以实施，国民政府财政部决定按照原税率的7折征收，即在实际征收时暂按35%的税率计征。尽管如此，偷漏税的情况仍然存在，卷烟税收入较之以前并没有增加多少。

1928年1月，宋子文复任国民政府财政部部长，认为过去的卷烟统税事权集中、征税手续简便而且行之有效，有必要恢复卷烟统税原定的办法，并决定将税率适当降低，以便在租界内外的复杂环境下顺利推行。于是，国民政府财政部在上海设立卷烟统税处，规划有关事宜。

1928年2月1日，国民政府公布实施《征收卷烟统税条例》。条例规定，因进口卷烟另须缴纳进口关税5%和附税2.5%，所以，国产卷烟的税率要高于进口卷烟2.5%。当时无论进口卷烟或国产卷烟，均以海关估价为计价标准，从量兼从价分7等征收。

1928年，宋子文亲自在上海与英美烟草公司在华董事密谈。英美烟草公司提出一次预购税票100万元，帮助国民政府解决财政困难，宋子文也同意英美烟草公司代拟的烟税条例，把卷烟税率降低为22.5%。以后，随着英美烟草公司不断提出减税的要求，其在某种程度上享受了协定烟税的特权。同年12月，国民政府财政部与英美烟草公司重新商定修正纳税办法10条，提高卷烟税率。1929年，国民政府公布《修正征收卷烟统税条例》，将卷烟税率一律提高为32.5%。修正后进口卷烟应纳税项为海关税及附加税7.5%、卷烟统税32.5%，实际税负为40%；国产卷烟纳税项为卷烟统税32.5%。卷烟统税先在湘、鄂、赣3省试办，后又在国民政府控制的苏、浙、皖、闽、赣5省正式施行，这些地区当时被称为“统税区域”，统税商品也由卷烟扩大到棉纱、火柴、水泥等。1933年的统税区域，已扩大到鲁、豫、粤、桂、冀、晋、察、绥等15省，东北的辽、黑、吉、热4省也被视为统税区域。只有西北、西南地区的商品统税仍由地方政府征收。1933年，国民政府财政部为了将统税区域扩大到全国，先后与各省协商，对实行统税后的地方政府所歉收的税款，由国民政府在统税收入项下拨款补助。于是，川、康、陕、甘等省先后被划为统税区域。1937年抗日战争爆发后，国民政府退守西南、西北大后方，滇、黔、宁等省宣布为统税区域。至此，统税商品通行全国。

毛泽东与浙江“纸烟税”

开征于1923年的浙江卷烟特税，在中国卷烟税收史上是首创之举。在当时卷烟尤其是洋烟盛行中国的环境下，它们主观上“化无益之消耗，作修路之正用”，客观上顺应了广大人民群众和社会各界有识之士抵制洋货，振兴中国民族工业的强烈呼声，受到了社会各界的支持。但这项纯粹是取之于民用之于民的筹款举动，一开始就遭到英美等外国烟草公司的强烈反对，英美等国公使借口它违反有关条约，向北京政府提出抗议，要求下令浙江省停收该项税款。

1923年8月28日，《申报》披露了“阁议，英美公使抗议加征地方纸烟捐，结果电令各该省停止征收”的消息。当时，担任中共中央委员的毛泽东同志正在上海。他看到这一消息后，当即在第二天（8月29日）出版的我党机关报《向导》周报上发表了题为《纸烟税》的文章，就英美帝国主义国家对我中华主权的肆意蹂躏和当时北京政府的丧权辱国、腐败无能行为表示了极大的愤慨。

毛泽东同志在文章中联系“禁棉出口令遭洋大人反对而取消”，“现在又来了洋大人压迫政府取消浙江等省的纸烟税”的事实，告诉国人："外国人（尤其是英美联社）的假亲善只是想借'亲善'两字好多量压榨中国人的膏血"，并将当时的北京政府称为"洋大人的账房"。

文章引用了6月30日杭州总商会致北京政府的电文："窃维奢侈征税为各国之通例。近年卷烟盛行，以吾浙论，每岁销场竟逾千万，消耗之巨，骇人听闻，流毒之烈，不减鸦片。当局有鉴于此，特命设局征收，化无益之消耗，作修路之正用。乃闻外商藉口条约权利叠与政府交涉，殊不知此种特税，完全取诸吸户，与烟商毫不相涉；纯粹浙人所输之捐，外商又劳干预！且系国内行政主权，断不容外人侵犯，自应据理力争，勿任有所藉口，主权幸甚。"接着，毛泽东同志指出，当时英美烟草公司在中国出售的纸烟，除一小部分是英、美、日本国运来的外，大部分是英美烟商用中国的烟叶雇中国的劳力在上海、汉口等处中国内地设厂制造的，从生产上就表现了殖民主义者的掠夺本质。这些纸烟只是在制造时照有关"条约"象征性地抽了一点轻微的税，就大批运往各省出售，这以后即借口既定的关税协约再也不许中国"自由"抽税了。当时仅浙江一省销售纸烟价值就"年逾千万"。就此推算，全国每年销售纸烟总额至少在二亿元以上，真是"骇人听闻"。据此，毛泽东同志在文中大声疾呼："请四万万同胞想一想，外国人向我们'亲善'到底是为什么？"

更令国人气愤的是，尽管浙江卷烟特税属"纯粹浙人输之捐"，是"国内行政主权"，但只因为是对外国货抽税，也只因为是英美等帝国主义国家提出了"抗议"、"反对"，北京政府居然置社会各界的呼声和大笔财政收入外流于不顾，断然下令停征卷烟特税。因此，毛泽东同志在文章最后写道："中国政府的'阁议'真是又敏捷又爽快，洋大人要拿棉花去，阁议就把禁棉出口令取消；洋大人要送纸烟来，阁议就'电令各该省停止征收纸烟税'。再请四万万同胞想一想，'中国政府是洋大人的账房’这句话到底对不对？”

周总理与税收

周恩来总理并不直接分管财政、税务，但他依然非常关心国家的税收工作和人民的税收负担。以下是周总理的三个令人难忘的故事。

关心、支持税收宣传工作

1951 年 1 月 1 日，中央人民政府财政部税务总局机关刊物《中央税务公报》创刊。同年 2 月 16 日，周恩来总理应邀欣然提笔，为该公报题写了刊名：中央税务公报。直到今天，国家税务总局主办的《中国税务》月刊、《中国税务报》的刊名和全国税务机关、税务人员使用的各种“中国税务”标志中，依然统一使用当年周总理手书的“税务”、“报”三个字。

爱国的工商业家不要偷漏税

在 20 世纪 50 年代初期开展的“五反”（反行贿受贿、反偷税漏税、反盗骗国家财产、反偷工减料和反盗窃经济情报）运动中，对于一些不法工商业者的偷漏税行为进行了查处。运动结束以后，周恩来总理在一次约见上海工商业人士时，语重心长地对他们说：国民党统治中国的时候，大搞苛捐杂税，横征暴敛，通过税收获得的钱财都进了“四大家族”（蒋介石、宋子文、孔祥熙、陈立夫）的腰包。当时你们用真假两本账，搞偷税漏税，这是对他们的反抗。现在共产党为人民办事，取之于民，用之于民。你们既然是爱国的工商业家，怎么还搞偷税漏税呢？这样做，怎么对得起国家和人民呢？这番有情有理、掷地有声的话语，至今足以使那些偷漏税者无地自容！

不能增加农业税负担

20 世纪 60 年代初期，三年自然灾害过后，农业生产有所恢复，有关部门提出适当增加一些农业税，以缓解财政困难。周恩来总理听了以后，斩钉截铁地说：“请你们今天记录在案：我活着的时候，你们不能增加农业税负担；将来我死了以后，你们也不能随意打农民的主意。”

从此以后，直至 2000 年，中国再也没有增加过农业税的负担（后来在农村税费改革初期一度增加农业税负担，随后逐步取消）。

毛阿敏曾两次因“税案风波”自杀

据透露，现在已经为人妻、为人母的毛阿敏，过上了非常幸福的生活。但曾经大红大紫的毛阿敏，也经历过常人难以想象的难关。1989 年和 1996 年两次“税案风波”，使毛阿敏的人生和事业陷入了最低谷。1989 年，年仅 26 岁的毛阿敏经历了第一次“税案风波”。有媒体报道毛阿敏在黑龙江演出 5 天，赚了 6 万元，却偷税漏税近 4 万元。文章经媒体转载，引起全国公愤，毛阿敏的第一次“税案风波”爆发。因为偷税漏税，使她成为全国媒体声讨的对象，当时还在南京军区歌舞团的毛阿敏因此事被行政记大过处分，并被关了三个月的禁闭。由于受到了很大的舆论压力，在最痛苦的时候，毛阿敏买来一瓶安眠药，吃了下去。当时正好她的爸爸敲门，发现了毛阿敏自杀，立刻送到医院急救，最终抢救了回来。

1996 年，毛阿敏再度因偷税被税务机关立案查处，而她的经纪人老野自缢身亡。1997 年，被上海一家杂志评为“不受欢迎的十大明星”之一的毛阿敏再次选择了自杀，不过第二次是她自己救了自己，最终活了下来。随后，毛阿敏选择出国逃避。

毛阿敏的经纪人陈先生告诉记者，这些事情毛阿敏都曾经讲过，但是“阿敏现在过得非常好，一家人非常幸福，我想这些才是最重要的。以前的事情都让它过去吧！现在阿敏在做一些慈善活动”。

郭富城行善被指偷税十万

郭富城向来行善不遗余力，但2008年6月26日竟被香港税务局入禀法院向郭富城慈善基金追讨10万零3千余港元利得税。记者致电郭富城经理人小美查询此事时，小美也十分愕然，并称马上进行调查。

经了解后，小美回复记者，并声明会正视此事，以免影响声誉。她在电话中说：“我已经即刻安排了会计师处理这件事，亦马上同税务局搞定。据会计师所讲，如有迟交税，税务局会发出一封通知书，然后再罚款，不会未发通知书就告上法庭，况且我们根本没有收到过税务局任何追税通知，而且城城一向做那么多善事，又怎会不交税？”小美并严正声明是因为有人摆乌龙，才发生这次误会。

其实，1992—2000年间，郭富城无间断地以慈善演唱会形式为残障儿童及老人中心等筹款，并于2000年6月成立郭富城国际慈善基金有限公司，公司成立3年间已筹得200万港元款项捐助世代无肝炎基金、保良局助学基金等，其公益成就多次被政府颁封，当中更曾以“郭富城日”命名。

第二章　五花八门的税种

依法纳税是每个公民应尽的义务。现在世界各国的税收种类不少，可谓形形色色、五花八门，即使专业税务人员也很少有人能完全弄清楚，还有一些税非常特别，有的也着实有趣。

一、有关人和动物的税

人头税（存在税）

人头税（poll tax 或 head tax），也称存在税，是种向每一个人课相同、定额税款的税种。在 19 世纪时，此税曾为许多国家的重要税收。当时，在美国部分地区，人头税曾被用来当投票资格；主要目的为排除非裔美国人、美洲原住民及非英国后裔白人的投票权。英国冈特约翰（John of Gaunt）和撒切尔夫人（Margaret Thatcher）也曾分别于 14 世纪及 20 世纪倡导征收人头税。

狗头税

瑞士勒孔维利耶小镇的人口只有 2 000 多人，共有 280 头家犬，按照规定，每只狗每年需缴纳 50 瑞士法郎的“狗头税”。由于许多狗的主人拒绝缴纳这一笔费用，于是当地主管部门拿出一条 1904 年时期的法律，警告狗的主人如果不补缴这一税费，相关负责人将采取强硬手段，将狗主人的爱犬强制扑杀。此举引起了民众的愤怒。

养狗税

匈牙利人喜欢养狗，自 18 世纪以来，一直征收养狗税。

牛皮税

我国五代时的田赋附加税。由于牛皮为制造衣甲的主要材料，在连年用兵，军旅装备需求大增的情况下，各朝都严禁百姓私自买卖牛皮，并强行征收牛皮税。农民的耕牛死后，牛皮筋骨要全部交给官府，而官府只付极少的钱或盐充做牛皮款。再后来则不付钱，甚至不管有牛无牛均强收牛皮税。后汉时规定，凡私自买卖牛皮一寸者处以死刑。后周太祖广顺二年（952年）规定，牛皮税按田亩摊派，凡种庄稼之地，每10顷交纳连牛角在内的牛皮一张。牛皮税随田亩交纳，因此成为田赋附加税。宋朝亦行此税，称牛皮筋角税，附于田亩征纳，或折钱，或交实物，直延至南宋。

牛头税

我国金代向猛安谋克女真户征收的田赋。金代征收赋税，不依田亩人口，而是以牛具（三头）为单位。天会三年（1125年），规定每牛一具，纳粟一石。后改为每牛一具，纳粟五斗，又改为三斗。

人税

人税亦称对人税，与对物税相对。以课税主体与课税客体为标准，将税收分为对人税和对物税。这是资本主义国家最早对税收的划分，也是最早的税制构成。早期的对人税就是按人口对每人课税，这类税不分阶层，一般按户或按口征收，如当时的人头税、人丁税、户捐、什一税等。

现代意义的对人税通常是指税收主体与客体有直接关联的税收。

老鼠税

由于鼠害严重，印度尼西亚西部地区首长曾经在1987年7月颁布了一项关于缴纳老鼠税的法令，要求当地居民必须缴纳“灭鼠税”，其后才能够耕作、借贷、出国旅游和结婚、离婚。这项法令规定：每耕作一公顷稻田，需缴交75只活的或死的老鼠才能开耕；凡向银行贷款或办理出国手续的，也要缴交 75 只老鼠才能获得批准。结婚或离婚可以减轻税收，只要缴交 50 只老鼠就能办理有关手续。

二、有关房屋建筑的税

房铺宅地税

清光绪二十八年（1902 年）开征房铺捐。初定城乡市镇商铺，按全年租金抽收 10%，租户和业主各负一半，由县衙经征。

民国四年改称房税，商铺征 10%，住房征 5%。由征收局管理，警厅协征。民国二十二年执行《房铺税征收章程》，分为房屋税和铺屋税。居住用房按租额征收 5% 房屋税；营业用房按全年租金征收 8.3% 铺屋税。民国二十五年规定房屋重新估价，房税月税额最高不超过 3 元，铺户按额加倍征收，当年实征数 524 元。抗战结束后房税由乡镇各保摊派认额负担，经征处督征。民国三十五年实征数 0.25 万元。

烟囱税

1660 年起，英国开始大征烟囱税，因为当时的领导者在想方设法征收了各种各样的税后，发现再没什么税好征收，于是打起了人民住房的主意。下层社会的居民因为苦于交不起税，想尽办法把烟囱藏起来。而全国各地的巡查人员则隔三差五地跑到居民家中搜查。直到 1684 年，因为一把大火烧毁了 20 栋房屋，并造成 4 人死亡，这项税收才被取消。

灶台税

苛捐杂税数不胜数，甚至连做饭都要交灶台税。早在 1660 年，英国“流亡国王”查理二世时期，英国政府为英荷战争筹资而开征灶台税，对吃饭用的炉灶征税。灶台税在当时看来是国王收敛国家财富的一个借口，但在今天看来却不失为一种提倡环保的措施。

教堂税

德国税务当局在主要的宗教社区要征收教堂税。这些社区负有无限纳税义务的成员（包括外国人）可以自愿选择是否缴纳教堂税，只有每月定期缴纳教堂税的人才可以进入教堂，并参加教堂的活动。其最高税率是其应纳税额的9%。教徒按照个人的信仰等级纳税，税款进入国家教会的账户，用于统一安排每个教区的财政，比如修复教堂等用途。

三、有关日常行为或物品的税

电视税

在比利时，居民购买电视机要交税，要看欧洲和北美其他电视台的节目，经申请专用线路，并向政府和电视台纳税。

版面税

法国曾规定报纸必须按版面的多少缴纳税款，于是当时出现了仅有一个版面的大型报纸。

作品税

墨西哥财政部对从事绘画、雕塑创作的艺术家规定了一项特殊纳税办法，即艺术家若不愿付现金，在登记备案后，可用自己的作品代替税款。

时钟税

1797年英国引入“时钟税”，各种钟表产品都开始征收很重的税负，而落地大钟的税负更重。

盐税

盐是人们日常生活的必需品，是一个国家工业生产的重要原料，是国家稳定可靠的税源之一。因此许多国家、历代政府都十分重视盐税的课征，以保证国家财政的收入，并多有发展和创新。

英国殖民时期曾实行食盐专营法，通过盐价与盐税来控制与盘剥印度人民。后来甘地率领人民抵抗殖民统治者征收盐税。

这场斗争的感召力非常巨大，为印度最终在 1947 年获得独立起到了重要作用。

住税

古代按坐商进货数量所征收的税。《旧五代史·食货志》："应有往来盐货悉税之，过税每斤七文，住税每斤十文。"

过税

宋代向行商贩运货物征收的一种商税。《宋史·食货志下八》："行者赍货，谓之'过税'，每千钱算二十；居者市鬻，谓之'住税'，每千钱算三十，大约如此。"

进庙税

旧时西藏地方政府规定，如果小农奴想摆脱人间"苦海"去当喇嘛，除要送礼恳求农奴主批准外，还得交藏银十九两作为"进庙税"。

开窗税

古希腊规定，凡是朝着大街和向外打开的窗户，户主要交纳开窗税。

入狱税

旧时西藏农奴如果触犯了农奴主的法令，被送进监狱时，得交"入狱税"。

移民税（改国籍税）

专门针对外国人和移民的税种也不是件新鲜的事。早在 1885 年，加拿大就对移民至该国的中国人征收税款，一直持续到 1923 年。

洗脸税

土耳其总统塞泽尔 2007 年 5 月批准了税法修改条例。根据该条例，土耳其人在打开水龙头洗脸的时候要同时缴三种税！首先是"环境清洁税"，它在土耳其老百姓中一直被叫做"垃圾税"；第二种税叫"污水费"，由政府按自来水费 50% 的标准收取；第三种税是"增值税"，不论是家庭还是写字楼都要支付这个费用，按水费的18%收取。

垃圾税

西班牙马德里市从2009年开始征收垃圾税。每个需要交纳垃圾处理税的市民需要交50.15欧元。英国政府和地方政府也通过向英国家庭的生活垃圾按量征收垃圾税来提高废物回收利用率、缓解垃圾填埋场的压力，并对违反回收利用规定的家庭处以罚款。

改（更）名税

比利时新法律规定，父母可以任意给子女改名，但是每易一次名字必须缴纳200比利时法郎的改名税。

坐飞机税

2011年1月1日开始，从德国机场乘坐飞机出行的旅客将支付航空交通税。航空交通税根据路程远近分为三档，德国国内航线和欧洲短途航线，乘客需支付8欧元；包括飞往中东地区航线的中远途航线，需支付25欧元；飞往美国、中国、澳大利亚等洲际远途航线，则需支付45欧元。

乞丐税

法国巴黎的香榭丽舍大道，是世界最有名的大道。外地的乞丐和流浪汉纷纷涌向这里行乞和逗留，使当局感到大煞风景。于是当局规定，只有缴纳1.5万法郎税款的乞丐，才能获准在这里行乞。

此外还有骑马税、结婚税等。

四、关于人生老病死的税

出生税

旧时西藏地方政府规定，小农奴出世了，农奴主立即把名字记上花名册，随即向父母收缴小农奴的第一次税——“出生税”藏银一两五钱（按1956年比价，藏银一两约合人民币六分多）。这样，农奴的子女一出生就注定了终身为农奴的命运。

生存税

它比人们曾听说过的“人头税”还要厉害。这“生存税”表示，只要你还活在这个世界上，就得交这笔税。14 世纪时，英格兰创立了这项税。该税引得民怨载道，后来暴发了农民起义，也就是英格兰历史上著名的农民起义。

死亡税

2005 年以前，按保加利亚“地方税费法”（LLTC）规定，死人遗留的动产和不动产须由继承者（子女或亲戚）缴纳死亡税。

棺材税（肥尸税）

英国伯明翰市规定死者躺用的棺材宽度为 23 英寸（即 58 厘米），每超过 1 英寸就得缴税 7.5 英镑。据报道，因为市政局的掘墓工人全是捧铁饭碗的“公家人”，他们干活不是太卖力，对一些因为过于肥胖而不得不挖特大号墓穴的死者十分不满，甚至拒绝替大号棺材挖墓坑。工党议员便为工人说话，于是弄出了这条奇特的棺材税（肥尸税），以“督促”英国的胖子在死之前快快减肥。

坟墓税

美国旧金山南郊有一个仅有 2.2 平方英里的小镇——柯尔玛镇。该镇有 17 个规模宏大的墓园，以墓地风景幽静而闻名于世。该镇政府为了把墓地观光事业搞得更具特色，1997 年竟别出心裁地向埋于地下的一百多万死人开征新税，征收标准为每座墓 5 美元，税款当然由墓主家属和后人支付了。此税的开征对该镇当局来说，无疑是一个新的税收增长点。

此外，还有丧车税、丧礼税、送尸税等。

五、税名不雅观甚至有点恐怖的税

枯骨税

古代苛税的一种，是指耕牛死后还要缴的税。《续资治通鉴·宋真宗咸平三年》："及潘美定湖南……营田户给牛，岁输米四斛，牛死犹输，谓之枯骨税。"

粪税

古罗马的康斯坦丁针对商人和社会不良生活者以及猪、狗、驴马的粪便征收税收，其实是一种行为税，或者一种罚款。中世纪法国的农民给政府提供大粪以便于肥田，或者如勒鲁所说的人们收集自己的粪便提供给政府，相当于古代的实物税或者贡纳。

小便税

在古罗马弗莱维尼斯维斯帕西安时期，开征了小便税，其理由是，有些厂家利用阴沟里的尿液制造氨水。

屁税

为了减少温室气体排放，新西兰政府决定，凡饲养牲畜的农场主都要为牲畜排放的臭气缴税，如家畜的"打嗝儿税"、"屁税"及"污物税"。"屁税"将按头计征，每只羊约为9新西兰分（1新西兰元相当于5.7元人民币），每头牛约为54~72新西兰分，鹿也在征税之列。但猪和其他家禽，如鸡、猫、鸭、狗一类因其"放屁"相对而言声小气短，得以幸免。每户畜牧农家的此项负担每年约为300新西兰元。此举每年可为政府筹集约840万新西兰元收入，税款将专项用于牲畜气体排放及减少温室气体排放的研究。

六、有关婚姻家庭的税

独身税

苏联对年龄在20岁以上50岁以下的独身男子征收独身税，独身女人则不需纳税。

无子女税

苏联自1987年2月1日起，对已婚未育的夫妇征收无子女税，税率为本人月工资的16%。

新娘税

在波斯湾地区的阿拉伯联合酋长国，根据风俗，男女结婚，男方须向女方父母赠送彩礼，而且彩礼必须是金的或银的。为了开辟税源，增加财政收入，抑制过高的彩礼，该国别具一格地开征了新娘税。

外国新娘税

阿拉伯联合酋长国颁布了这么一条规定：如果娶外国女子为妻，就必须向政府上缴一笔数量可观的“外国新娘税”。因为在该国，男子结婚要送给女方家高达数万美元的彩礼，许多男子因无法支付如此厚重的彩礼，转而娶外国女子为妻。为了对这一行为进行控制，阿联酋政府才出此怪招。

未婚先孕税（未婚妈妈税）

美国威斯康星州通过一条法律，未婚先孕的少女须缴税。这项法令规定，怀孕少女生下的孩子，应由爷爷、奶奶抚养，直至婴儿母亲年满 18 岁。这项法令旨在以行政和法律手段来对未婚妈妈的家长施加压力，让他们管好自己的女儿，以遏制年幼的未婚妈妈增多的现象。

离婚税

美国加利福尼亚州实行了一项简便的离婚法，规定结婚不满两年、未生养又无贵重财产的夫妻若想离婚，只要向州政府法律部门邮寄 30 美元离婚税，并保证双方无争议地分割好财产，其离婚即自动生效。

七、税名让人哭笑不得的税

华丽服装税

在古罗马，对人们的服装按其华丽程度征收华丽服装税。

胡须税

俄国彼得大帝非常讨厌胡子，于是他向所有长着长长胡须的人征收“胡子税”。他还特别要求所有留长胡须的人戴一个特制的章，以表示他们的胡须非常可笑。如果某个蓄须男人拒绝纳税的话，随身携带剪刀的检查人员一定会把他的胡须剪掉。

还有一种说法是：历史上关于胡须的税收跟一位法兰西大帝有关。法国国王法兰西一世有一次和御林军一起喝酒，酒后又一起打雪仗，不小心打伤了嘴唇，为了掩饰伤口，不得已蓄留了胡须。因为国王留了胡须，全国也就上行下效起来。国王知道后，气愤之极：不行！胡须岂是人人随便可留的。于是规定：只准贵族留胡须，一般平民百姓要想留胡须，必须缴纳“胡须税”。

风景税

美国加利福尼亚州的海滨小镇外尼密，当地政府为了保持财政收支平衡，规定凡是住宅面向海岸，可眺望沙滩和海水的居民，每年每户须缴纳“风景税”66～184美元。当地60%以上的居民都要为此掏腰包，而外尼密镇政府由此每年可增加收入40万美元。

团结互助税

法国针对拥有巨额资产的富人（如拥有76万欧元资产以上的个人）而另外征收的一个税种。该税种始于1982年，1989年取了一个貌似“均富色彩”的名字——“团结税”。

犯罪税

在澳大利亚的新南威尔士州，凡是犯罪者，除被法庭判刑和罚款外，还要缴纳50澳元的犯罪税。

脂肪税

丹麦2011年10月1日起开始征收脂肪税，以减少民众脂肪摄入量，但这引发了抢购潮。征税对象为所有含饱和脂肪的产品，包括黄油、牛奶、比萨饼、油类和肉类。税率为每千克饱和脂肪16丹麦克朗（约合人民币18.6元）。

非法贩毒税

美国国税局有一项非常荒谬的税：谁要是从事了非法活动

牟利，比如贩毒，应主动缴税。不过，如果是一位守法的好公民，他怎么会去贩毒呢？而一个偷偷贩毒的人，又怎么可能主动站出来缴税呢？

奴隶解放税

古罗马有一项奇怪的税：奴隶获得自由需缴纳税。一些情况下，这项税向奴隶主征收。但大多数时候，这项税需要奴隶自己承担。如果他有机会获得自由，必须交上这样一笔税——其金额约为身价的10%。

异己税

1655年，英国资产阶级革命中的代表人物克伦威尔颁布法令，谁与他意见不统一，就要交纳异己税。克伦威尔利用征收的这笔钱组建了一队民兵，专门负责打击保皇派人士。

诺贝尔奖税

没错，得诺贝尔奖也得缴税。

这似乎是一项很不公平的税收，诺贝尔奖得主把最大的贡献留给了人类，到最后还要为此缴税。（美国）国内税务局将会向每位诺贝尔奖得主征税。能避免缴纳这个税只有两个办法：捐给慈善机构或是捐给国家。

丹麦赋税

英格兰盎格鲁—撒克逊王朝君王埃塞尔雷德二世，绰号“邋遢大王”，以“毫无准备”而闻名。因为无力抵抗丹麦的进攻，被迫与丹麦分治英格兰。他征收这项税的意思是，只要他没被丹麦人杀死，英格兰人就要缴纳丹麦赋税。

否决国王税

如果你对国王的任何提议有异议的话，先缴点税再说。

1653年，共和国彻底灭亡之后，无限的权力集中到了克伦威尔手上。在兰白将军的策划下，制定了新宪法，克伦威尔把民政权和军事权牢牢地掌握住了，但新宪法对他有一些限制。1655年，克伦威尔下令解散了企图限制护国权力的议会，并制定出此项税法。

假发税

在美国纽约的一些地方，曾一度规定缴纳假发税。

此外还有晒太阳税、玩扑克税、梳辫税、残废税、牙齿磨损税、血液税，等等。

环保税收五花八门

绿化税制（Greening Tax System），是近年来随着环保税收理论与实践的发展而日益流行的新概念。其基本含义就是使税制整体上有利于经济发展的同时也符合环保要求，通过对传统税制进行全面系统的“绿化”调整，来体现税收的环保功能。从各国的实践看，“绿化”税制的措施主要体现在两方面：一是开征各种环保税；二是调整原有税制，取消对环境有负效应的税收规定，采取新的有利于环保的税收措施。

目前在国外，特别是经济发达国家，开征环保税相当普遍，而开征的具体税种、开征方法则五花八门。但从性质上说，大体上可分为五类：资源税、污染税、生态税、能源消费税和机动车税。

资源税主要对自然资源的开采征收，以使自然资源的环境价值内在化。目前，许多国家都单独开征了资源税，有些国家则对少部分的资源开采征税，如瑞典的矿产开采税、菲律宾的森林开采税、英国的水资源税等。此外，不少国家都对资源开采征收矿区使用费。

污染税是对污染物排放或污染行为征收的一种税，又称排污税，是环保税中最有代表性的税种。污染税通常按排污量对排污者征收，具体包括对废气排放课征的污染税，对废水排放课征的污染税，对垃圾排放课征的污染税，对噪音污染征收的各种噪音税，对农业污染物征收的污染税。征收方式有的从价计征，有的从量计征，瑞典则按污染量计征。

生态税主要是指为保护整体生态环境而征收的税，目前以控制二氧化碳排放以缓解全球变暖的二氧化碳税和防止臭氧层破坏的臭氧消耗物质税（或称氟氯烃税）最为典型。目前欧洲许多国家如芬兰、挪威、瑞典、丹麦、荷兰、斯洛文尼亚、爱沙尼亚等都开征二氧化碳税，德国 1999 年实施的生态税改革和英国 2001 年 4 月起开征的气候变化税，也都属于二氧化碳税。

能源消费税是对能源产品如煤、石油等化石燃料和电力产品等征收的一种消费税。传统的能源消费税以能源消费量为征收依据，虽然具有环保方面的考虑，但税率设计并不与污染程度直接挂钩。目前已有不少国家更多地根据污染程度来设计税率，对高污染能源征高税，因此在性质上与污染税、生态税的界线日益模糊。

机动车税是传统税种，一般在购置环节和使用环节分别征收。但机动车是能源的消耗大户，也是重要的污染源。因此，机动车税的环保作用日益受到重视。

第三章　美国财税趣闻

美国税收趣闻

美国是一个税收极度发达的国家，有“万税之国”之称。它的税收不仅和经济活动息息相关，而且覆盖公众日常生活的方方面面。美国有一些非常奇怪的税种，还有很多涉及税收的趣闻，这些在我们看来实在是有些不可思议。

吃饭税

在美国，如果是用公款请客吃饭，要按饭金的50%交税，并且必须在饭后两小时内向税务局缴纳税款。

以卧室定税收

在美国，由于各州税法不尽相同，因此常常会闹出一些笑话。例如，有一户人家的房子正处在两州交界线上，主人应该向谁纳税呢？这个小小的问题难倒了联邦政府。经过反复权衡，联邦当局做出一项“英明”决策：房子的卧室位于哪一州，就向哪一州交税。在它们看来，住宅的其他部分都是次要的，只有卧室最为重要。

赠送礼物要交税

在美国，情人之间互赠礼物，也要依法纳税。根据规定，夫妻之间赠送礼物不受任何限制。但如果是情人，哪怕已恩爱到难舍难分，如果赠送的礼物超过1万美元就要按18%的税率纳税。礼物价值若超过3万美元，其适用税率则达到55%。需要交税的礼物范围包括飞机票、差旅费、用餐费、服装等，甚至连订婚戒指也不能例外。也许有人以为情人之间肯定不会泄密，所以大可以偷税蒙混过关，那就大错特错了。因为情人也有闹崩的时候，当一方向税务部门举报另一方逃税时，不但可以达到报复的目的，还可以得到一笔奖金。

胖人减肥可减税

根据1998年美国医疗研究会的统计，全美大约有9 700万成年人超重或肥胖。而且，每年大约有30万美国人死于与肥胖有关的疾病。从2000年开始，美国国税局宣布，肥胖也是一种疾病，肥胖病患者可以申请在应纳税额中扣除减肥用的医疗费。此举意在鼓励美国的胖人们行动起来，赶快减肥，加入到健康人的行列中。国税局规定，如果纳税人为了医疗目的接受减肥，就可以申请在纳税时扣除减肥所需医疗费用，但必须得到医生的推荐，而且必须是当治疗某种特殊疾病时需要减肥。如果只是为了减肥而减肥的费用则不能“报销”，主要有两种情况不符合减税条件：一是人们参加健身俱乐部或者减肥活动，仅仅是为了“保持体型、强身健体”；二是人们减肥没有医生的指导。在此之前，美国税务局已经将戒烟、酗酒的治疗费用纳入了减税范围。

“一分不苟”

美国得克萨斯州一个名叫德林的公民，有一天收到当地税务局的书面通知，要他补缴2美分的税款。当德林知道法律规定不能收取现金时，就立刻通过邮局把2美分寄到税务局，他挂号所用的费用是2美元。还有一位美国税官，为了向纳税人追缴4美分的欠税，用了20美分的邮资，挂号寄去了税单。为补缴2美分的税款和追缴4美分的欠税，分别赔进了100倍的汇费和5倍的邮费，实属“世界奇闻”。它表明了人们做事的认真态度。

教人偷税坐牢5年

美国俄亥俄州有位叫弗莱的作者，写了一本叫《不缴税也不用坐牢》的书，使政府税收损失近1 300万美元。为此，美国财政部国内收入署对弗莱提出指控，致使弗莱被判刑入狱5年。

税务员比警察更有权

在美国，没有一个机构能像美国税务局那样，精确地掌握着美国人的一切。美国税务员收税严格，八面威风，甚至比警察更有权力。

美国税务局在全美各个州都设有分支及下属机构，共有88万名雇员。对于那些欠税者，他们可以冻结其银行存款，没收汽车，查封房子，令其子女中途辍学，总之想尽一切办法，哪怕使欠税者倾家荡产也要让其交清税款。美国税务局的信条是：我们要你的一切，而且马上就要！在美国，欠税者即使倾家荡产也要交清税款。

如果税务人员怀疑纳税人隐瞒收入，谎报税单，他不但有权力窃听其电话、拆阅其信件，甚至可以破其门搜查，直到获取其偷税证据为止。当然，如果纳税人认为税务局处置过分、无理或无礼的话，也可以向法院起诉，但胜诉的机会微乎其微。

神秘恐怖的美国“国税局”（IRS）

美国有句俗语：“这个世界上只有死亡与交税是永恒的”。

不过私下里人们更爱讲的是“惹谁也不要惹上IRS”。在美国没有人会害怕政府或警察，但提起IRS就会有很多人怕得要死，同时恨得咬牙切齿。该机构是个庞然大物，门口有武装警卫，每一个人进去都要进行严格的检查，要过一次安检门，看有没有带武器。在大厅里等待，也要等国税局的专员呼叫才能进入。IRS各地上门收税的稽查人员不仅身高马大，精通专业，而且还随身带有不逊于专业警察的武器装备。

IRS的震慑力甚至超过中情局、国防部，这一点早在20世纪30年代就被美国人所广泛认可。当时美国最著名的黑帮头子是Al Capone，他干掉了自己的两位老大而成为黑帮教父，恶行天天上报纸，但政府、联邦调查局和警察局都拿他没辙——因为没有证据。案情直到IRS一帮貌似文弱的会计应联邦特工之邀出马才峰回路转，通过“不报税”这条罪名，将杀人不眨眼的Capone送入法院，坐了11年大牢，Capone的犯罪集团也就此灰飞烟灭。

Internal Revenue Service（IRS）一般被译作“美国国税局”（前身是Internal Revenue Department），其实这个英文词组直译应当是“国内收入署”。但这个机构绝非如中国的国税局那样，是隶属中央政府所直辖的一个政府税收部门。它的性质如同其直译名字中所显示的——“国家收入服务机构”，与美联储一样只在表面上是个政府部门，而被挂在美国财政部之下，其实财政部长管不了它而且要听从它——这个组织本身并非一个政府机构，而是一个挂名于联邦政府之下的私人公司。

该机构的主要职能是征收美国公民的所得税。曾参选2008年美国大选的共和党候选人罗恩·保罗（Ron Paul）曾经呼吁废除美联储，提议恢复金本位等激进言论，同时他还主张应当废除个人所得税。

保罗明确宣称：IRS所收税款并不合法，因为这些钱并不是上缴给美国政府的，而是直接付给美联储用以偿还美国人民和美国政府欠美联储的国债。很多美国人也认为他们缴纳的个人所得税违背美国宪法。其实美国在开国之初并没有规定征收个人所得税，直至南北战争时期才开始征收，之后该税收多次屡兴屡废。

1913 年美联储建立后，IRS 开始正式运作收缴高额所得税款直到今天。

那么美国国税局的主人究竟是谁？这是一个颇为神秘的问题，在目前所见的公开资料中似乎难以得到真相！但是有美国的研究者指出：IRS 其实是一个注册于波多黎各的离岸公司，其真实身份和主人至为隐秘。显然，这个机构不希望多数美国人知道他们缴纳的税款最终究竟流向了何方、落到了谁的钱袋之中。

但是尽管如此，既然有确切的证据表明美联储的全部股东都是犹太金融世袭富豪家族为主体的神秘组织“共济会”成员，那么，作为为美联储征收税款还债的美国“国内收入署”——其真正的幕后的主人究竟是谁，其实也就不言自明了！

那么这也就是说，所有的纳税美国人，他们的所得税并非缴纳给国家而是通过所谓的“国税局”缴纳给了“共济会”的老板们。换句话说，全体纳税美国人都是给“共济会”后面隐身的那些世袭犹太金融老板家族打工的，这就是美国资本主义的真相！

美国是一个“万税国”，个人所得税分联邦税和州税两级，按照收入分级收取，最低联邦税率是收入的 10%，最高达到 35%，一般就直接在工资单上扣除。每年临近 4 月 15 日，全美上下都是哀声一片。因为这一天是美国联邦法律规定的纳税最后期限。成千上万的美国人跟一个被称为“美国最令人闻风丧胆的政府部门”打交道，它就是美国国税局。

报税表号称“世界上最难看懂的文件”，很多人看到税表就头晕。曾获奥斯卡奖的名片《肖申克的救赎》对这一点做了生动的描述，安迪在狱中的工作就是为所有狱警报税。

即便是对新兴的博客、电子商务，IRS 也绝不会放弃分一杯羹。如果只是在网上销售物品，而没有实体店铺，营业税基本可以被豁免，但只要网站给你带来了收入，你还是得支付联邦所得税，但你可用合法的聪明方式减税，最好的办法就是确保找出所有能减免课税的事项。

所以对一切可以加以利用的减税事实和因素进行充分的利用，并在做商业决定时加以考虑，是个人和企业做生意的基本要求。而商业票据也千万不能丢失，如果遭遇审计，它将是对抗 IRS 的唯一武器。

IRS 可谓佛挡杀佛，人挡杀人。汤姆·达施勒（Tom Daschle，原定出任美国卫生及公共服务部部长）、蒂姆·盖特纳（Tim Geithner，现任美国财政部长）、南希·克勒夫（Nancy Killefer，原定的白宫首席绩效官）等奥巴马的得力助手和高级智囊能把奥巴马送进白宫，自己却纷纷倒在了 IRS 的“枪口”下。

达施勒是因为没有交纳 128 000 美元的财产税，而这笔税款是因他曾“借用”雇主的司机和汽车而产生的，他作为健康改革家的生涯被迫终结。盖特纳是因为不懂税法（而他现在管理着 IRS），克勒夫则是因为曾经为自己的保姆避税。这些不得不让人感叹 IRS 的无孔不入。

事实上，逃税和“合理避税”已成为美国的普遍现象。美国人每年逃税金额高达 2 070 亿美元，美国总统大选期间，现任美国副总统乔·拜登（Joe Biden）宣称富有的美国人有爱国的责任，应交纳更高的税收；卷入逃税丑闻的达施勒也曾在 1998 年公开宣布：“税骗子（逃税人）欺骗了我们所有人，美国国税局（IRS）应严格按照规定执法。”

奥巴马上任以来，连续三位高官都被卷入逃税风波，这让民主党很是尴尬，让民众觉得税收似乎仅仅是针对小人物设立的，并让人联想起马克·吐温的那篇不朽经典名作《神秘的访问》。

找上帝收税

美国布里斯顿圣约翰教堂的牧师丹伦，于1992年的一天，突然接到一张英国税务局寄来的缴税通知单：征收圣父、圣子、圣灵的三份人头税，共计521英镑。

丹伦牧师接到税单之后哭笑不得，更不明白税务局为什么把三位一体的上帝拆开来征收3份人头税。丹伦牧师说，幸好税务局还体谅圣父、圣子、圣灵没钱，特准“他们”分期付款。牧师认为，若真要征收人头税，应由坎特伯雷大主教负责缴纳，否则便只有派税官前往天堂收税，他相信上帝早已在等候着税官了。

税务局的官员则解释，他们之所以向上帝征收3份人头税，是因为有人代上帝填报税单，指圣父、圣子、圣灵是布里斯顿的“居民”，因为他是无处不在的。所以税务局要按照规定征税。

小气老板称爵士队不缴奢侈税

连续两年和爵士队在季后赛第一轮遭遇，盐湖城的这支球队在诸多火箭球迷心中已经成为了死敌。爵士队的强大在于他们整体实力的平均。布泽、德隆·威廉姆斯、基里连科以及奥科都曾经参加过全明星队，如此豪华的阵容在整个联盟也是屈指可数。

但是爵士队豪华阵容似乎不可能继续维持下去，尤其是随着球队中一些大牌球星的合同到期，他们要求报酬更高的合约，球队承受着巨大的薪金压力。

老板拉里·米勒已经明确表示，他不会考虑付出奢侈税的可能，“下赛季，我们可能必须做出对于球队非常非常困难的决定，我不打算让球队付出奢侈税”。

拉里·米勒如此强硬的态度会使得爵士队在明年夏天不得不面对选择是失去布泽、奥科还是交易基里连科的艰难抉择。布泽和奥科的合同都将在明年夏天到期（或是拥有解除合同的权利），两人目前的薪金分别为1 160万美元以及850万美元，而两人都对这个身价相当不满。

尤其是布泽，这位当年顶着“叛徒”名声压力来到盐湖城发展的大前锋在爵士队成就了自己的事业。布泽希望新的合同能够反映出自己在联盟中的地位，参考联盟目前一流大前锋的身价（比如去年和魔术队签约的刘易斯），正处于职业生涯黄金时期的布泽未来合同的平均年薪应该在1 800万~2 000万美元之间，这比现在他的身价高出了近一倍。

事实上，这个夏天有关布泽未来的流言从来就没有停歇过，尤其是和热火队之间的暧昧关系。布泽在迈阿密有自己的豪宅，整个夏天他都在那里度假，而热火老板米奇·阿里森是世界知名的航运巨子，从来就不会担心奢侈税的问题。

布泽的未来甚至引发了德隆·威廉姆斯的担心，德隆不止一次地要求自己的搭档做出承诺，保证未来能够留在球队。“我不知道布泽是否会选择解除合同，我希望他能够留下来，”德隆在谈及这个问题时有些忧心忡忡，“布泽知道自己是这个球队重要的一部分，他知道我们之前的感觉非常好，再和其他的控球后卫找到这种配合的感觉可不是一件容易的事情。”

但是在巨大的金钱诱惑下，没有谁能保证自己的未来，更何况布泽有过这样的前科。

如果布泽选择要加薪，那么奥科也会提出同样的要求。这位和布泽同年来到爵士队的土耳其中锋已经有过全明星赛的经历，他肯定不会满足于目前平均年薪不足千万的水准。

爵士队目前的薪资总额约为6 500万美元，距离奢侈税大约还有700万美元的空间。但这点空间尚不够德隆·威廉姆斯下赛季的薪资涨幅，根据今年夏天刚刚签订的合约，德隆下赛季薪金涨幅将达到近1 000万美元。

除了德隆·威廉姆斯，面临续约的还包括新秀米尔萨普、射手科沃尔等，这都让总经理奥康纳苦恼万分。

奥康纳的现实选择或许是交易基里连科，俄罗斯人本赛季的薪金高达1 500万美元，是全队第一高薪。但这份薪水和基里连科目前发挥的作用显然并不相称，如果能够送走基里连科，薪资空间就能得到大大的释放。可问题在于，谁来当这个冤大头，吃下基里连科还剩下3年、总价值近5 000万美元的巨额合同呢?

如果不能处理掉基里连科的合约，爵士队又不希望突破奢侈税的支付标准，那么在明年夏天，分崩离析将成为他们的唯一选择。至于是选择留下布泽还是奥科，那只是一个选择的问题。

2010年，美国富人快乐的死亡年

2010年对于美国的有钱人而言，可谓是既幸运又悲哀。幸运的是他们的万贯家财近一半不用再交给“山姆大叔”，分分厘厘只要愿意都可以留给自己的后代；而悲哀的是要想做到这一点，他们必须在2010年离世。因此，有人戏称2010年是富人快乐的死亡年。

94 年来第一个不缴遗产税的富人

2010 年 3 月，拥有 90 亿美元资产的得克萨斯州休斯敦市首富邓肯去世，虽然他只有 77 岁，但老邓肯肯定没白死，相信他在阴曹地府也会偷着乐。为啥？因为邓肯是美国 94 年来第一个拥有万贯家财的富人死后半文钱也不用缴纳国库的人。邓肯的四名子女和四名孙子女完完全全地合法地继承了他的全部财产，想怎么花就怎么花。假如邓肯老先生早死 3 个月，他的 90 亿美元资产分文也不会缩水，但是他的后人的身价就会贬值近一半，因为按照美国的税法，他的财产继承人就要缴纳 45% 的遗产税。

美国是一个“万万税”国家，住房要缴房地产税、上餐馆吃饭要纳消费税、活着的时候要缴税，眼睛一闭该消停了吧？想得美！只要有钱，死后还要缴纳遗产税。美国遗产税的税率非常高，因此也被视为“死亡税”。小布什执政的时候对美国税制进行改革，结果改出了一个大窟窿。也不知怎么搞的，这小布什当总统不行吧还好说，毕竟那是选出来的，但总得会算术吧。小布什大概连加减法都搞不明白，结果好，2009 年以前有遗产税，2011 年以后也有遗产税，唯独 2010 年美国遗产税就没了。只要是有钱的，又死逢其时（2010 年），一辈子集聚的财富就可以安安稳稳地交给下一代了。

2010 年是美国遗产税的空窗期，因为 2001 年小布什任内实施新的法律，逐年将遗产税的免税额提高到 350 万美元，并明定 2010 年完全取消遗产税。而这条税法又明定“落日条款”，自 2011 年起恢复修正实施前对美国超过 100 万美元的遗产征收遗产税 55%。面对 2010 年这一年的遗产税空窗期，连在国会占多数的民主党都无法通过暂时的修正法案，这就形成了 2010 年过世的美国富人可以堂而皇之不用向“山姆大叔”做贡献而窃笑瞑目的现象。

“推老妈下火车”的法律

诺贝尔奖获得者、美国经济学家克鲁格曼将2010年美国富人不用缴纳遗产税的法律称之为“推老妈下火车”的法律（Throw Momma from the Train Act）。也就是说，在财产的驱动力下，就可能出现对有钱的父母谋财害命的事件，当然现在这种事情还未发生。不过另外一种情形却时有耳闻，有钱的老年人开始考虑安乐死，反正自己已是七老八十，多活一年和少活一年差别不大，但早死上几个月，儿孙的福分就大发了。由于“一年空窗期”的存在，已经带来了一系列意想不到的戏剧化后果。不少富豪家属在2009年年底纷纷为濒死富豪通过人工方法延长生命以求多分遗产。批评人士指出，美国法律等于是在鼓励富人“要死赶今年”。

美国有钱人在很多方面都可以钻法律的漏洞，漂亮的名词叫“合法避税”，但唯独这遗产税很难逃避。富人活着的时候，有钱可以使劲花，但眼睛一闭，那财产就变成了“山姆大叔”的摇钱树，有钱人的后代通过遗嘱获得的财产，“山姆大叔”该拿的一分钱都不少拿。没遗嘱的财产，“山姆大叔”更可能会全部拿走。

美国遗产税——与死神下注

美国是一个什么故事都可能发生的地方，任何事情发生在这里总是被炒作得荒唐离谱、噱头不断。2010年美国的遗产税门洞大开，上演了一幕幕死骡子当活马医的剧目。对于很多美国人来说，这个时代简直是糟糕透顶的年代。2009年的这个时候，一些濒死美国富人的亲属曾试图通过不停的电击让富豪留一口气，在深陷人之将死的淤泥中寻找解药，让他们能够挣扎到2010年的“免税特权”；到了2010年，却有无数等待继承财产的美国人觊觎在12月31日前“拔下亲人氧气袋的接头”，时不我待地渴望着把自己的亲人送上通往地狱的“跑步机”。

美国遗产税“开天窗”

美国的遗产税是个骨灰级税种，其雏形最早可追溯至乔治·华盛顿时期。遗产税的美国称谓是“死人税”（death tax），针对的是不劳而获的接代传富行为，旨在平滑巨大财富世代沿袭带来的社会问题。除了美国富人扎堆死去的年份另当别论外，遗产税每年可为美联邦政府贡献几百亿美元的收入。

“Taxed to Death”（纳税至死）是美国人信服的箴言。按照美国法律，美国公民或永久居民（绿卡持有人）死亡时，不管他的遗产位于世界上哪个角落，其继承人（除法定豁免的部分外）均要将遗产总额的约半数缴纳给美国联邦政府。众所周知，近年来由于各国政府对遗产处理的财税政策不同，遗产税对商业投资环境的负面作用开始凸显，比如不利于吸引私人资本、富人将财富转移到国外乃至富人为逃税而改变国籍，等等。

进入新的世纪以来，美国经济学家中取消遗产税的呼声不断，建议用现有的资本利得税来规范遗产继承行为。2001年小布什入主白宫后，曾通过了一个遗产税减免法案。根据美国国会2001年通过的《经济增长与税收救济协调法》，遗产税的豁免额从2001年的67.5万美元逐年递增到2009年的350万美元；税率则从55%降低至45%。该法案还规定，如果在2009年之前没有出台新的法案，遗产税于2011年恢复征收。2011年的豁免额为100万美元，税率恢复到55%的原点。

这就是说，美国人2009年要缴遗产税，2011年也要缴遗产税，唯独2010年的遗产税被开了“天窗”。有钱人只要在正确的时间死去，就可以享受此项“税收豁免特权”。那些生命垂危的美国富人只要能听到2010年新年的钟声，就能让自己的继承人免缴45%的重税。

所以在2009年，美国富豪的亲属们纷纷为在死亡线上挣扎的富豪延长生命寻求活下来的药方；而在今天，为保证财产完整无损，富翁们则要赶上2010年年末的死期。那些正躺在病床上的大富豪们，已经到了应该郑重其事地考虑是保留身上的氧气插头还是主动拔掉的时候了。

让死神等待的税收

由美国前总统小布什留下的这个“税收遗产”真可谓让几家欢喜几家愁。

2009年12月31日上午11时，久病不愈的纽约曼哈顿苏荷区房地产大亨弗里茨·洛曼不幸离开人世，只差13个小时就到新年，让他的遗产继承人查尔斯·莱斯利损失了300多万美元。懊恼写在脸上的莱斯利对《纽约邮报》的记者说：“整个事情被整得荒诞不经。我们一直在小心翼翼地呵护着老人，并做好了各项预防措施，可结局还是如此糟糕。”

2010年7月13日清晨，美国著名的纽约扬基棒球队老板乔治·斯泰因布伦纳的猝死，让他的财产继承人幸运地节省了至少5亿美元税金。另有《华尔街日报》的报道称，加利福尼亚州弗雷斯诺市的葡萄园主克拉拉·劳布于2009年10月被诊断为晚期癌症。她的家人借助各种仪器设备、药物延长其生命，挣扎着活过12月，于新年的早上咽下最后一口气。她的女儿黛比·雅各布森说：“她让我们每天告诉她当天的日期和时间，尽管我们不愿意这样做。”

美国民间组织Tax Policy Center声称，2010年已经去世的富人中，至少有2.5万人的遗产受到现行遗产税法的影响。其中77岁的美国能源巨头丹·邓肯的寿终正寝堪称“死亡楷模”。2010年3月，拥有90亿美元资产的邓肯因脑溢血意外去世。邓肯是美国开征遗产税以来第一个死后享受“免税特权”的大富翁，为其继承人节省了大约20亿美元的税金。邓肯如果早死百日，要按45%的税率缴纳遗产税；而他再多活9个月，将适用55%的更高税率。

生得其时　死得及时

西方有句谚语："工作，赚钱，纳税，死亡。"美国政治家本杰明·富兰克林称，世界上除了死亡和赋税，没有什么是确定无疑的。然而现实是，死亡与纳税同样可以避免。英国《金融时报》刊发的文章称，只要动动脑筋，现实生活中的很多税收可以成功避免掉，生命的诞生与死亡也会被延宕。澳大利亚经济学家乔舒亚·甘斯和安德鲁·利的一项长期追踪调查的结果显示，出生率和死亡率确实与税收有某些可疑的牵连。

澳大利亚于1978年通过立法废除了遗产税，这意味着任何死于1979年7月1日或之后的人都可获得全额免税，而任何死于这一日期之前的人，需要全额交纳遗产税，约有十分之一的死者需要交纳这种税。当年6月底的死亡率降幅相当惊人，同样惊人的是7月初死亡率的突然上升。据统计，1979年6月份最后一周，每20起可能死亡中，就有一起被推迟，让死者逃掉了遗产税。由于90%的死者遗产数额不大，不到起征点，这表明有整整一半可能需要纳税的人成功地推迟了死亡，从而逃脱了遗产税。

此后的2004年5月，澳大利亚政府宣布，如果一个家庭在7月1日或以后生下一个孩子，政府将给予3 000澳元"宝宝奖"。其效果并不令人意外，至少对经济学家来说如此：7月1日喜得宝宝的数量创下历史记录，比6月30日整整高出1倍。

遗产税走向扑朔迷离

2008年诺贝尔经济学奖获得者克鲁格曼将美国现行的遗产税法称为"把老妈推下火车"的恶法；检察官称目前美国的遗

产税法已经成为地地道道的“杀人税”。

为什么美国遗产税留下了如此大的税收“空窗期”漏洞？其实早在2009年4月29日，美国众议院曾通过了一项延长2009年遗产税法有效期的议案，将遗产税适用期顺延5年，税率维持45%不变，但向个人和夫妻分别提供300万美元和700万美元的税收豁免，但此项议案由于争议较大而被参议院中的共和党人挡下。

到了2010年情况则有所不同。美国是一个典型的屁股决定大脑的国家，2010年11月2日的美国中期选举，华盛顿的政客们为了选票，很多政策都被无故搁置下来。因为稍有不慎，对其支持者来说，很可能会意味着政治自杀。在美国，富人与普通百姓占据的领域不同，富人们的权力和影响力要来得更大。当然，竞选要烧掉大量的金钱，少不了金主，政客们也需要腾出时间与富人们厮混。

毫无疑问，税收上的任何特权都是不公平的。把2009年遗产税法律的追溯效力延伸至2010年是一项最优选择，但可能性不大；其次是默认现状，让2010年遗产税的“免税特权”积假成真，2011年从头再来。

大富翁巴菲特在结束2010年中国之旅时的采访中称，美国的税法已被“严重扭曲”，在他公司的所有员工里，他是被征收税率最低的人。

加州要被施瓦辛格“终结”了？

中国古语有云“三十年河东，三十年河西”，以此形容加州经济最贴切不过。二十年前的加州，GDP占全美的13%以上，堪称全球第八大经济体，三大评级机构全部给予AAA级评级；二十年后的现在，加州面临高额财政赤字，濒临破产边缘，

AAA 的信用评级早已沦为接近“垃圾”级别。然而以一句话概括二十年的变化容易，要找出造成变化的罪魁祸首却很难，究竟谁该为加州负责呢？

是“半路出家”的州长施瓦辛格吗？当年施瓦辛格竞选州长，依靠大幅减税的改革计划赢得了选民的支持，这一计划的核心是：降低高达9.3%的个人所得税、停止对企业征收60%的失业保险。然而，他却忘了税收是美国政府财政的主要来源。于是，几年下来，加州的税收大幅减少，截至2008年下降27%，直接导致加州政府财政赤字加剧。2009年，施瓦辛格试图通过缩减开支和加税来平衡财政，然后“被惯坏了的”选民却不干了，加州选民在2009年5月关于平衡预算的特别选举中，否定了五项加税提案，唯一通过的一项提案是禁止民选官员加薪。

2009年7月加州一度陷入破产境地，而时隔一年后，施瓦辛格再次宣布加州进入财政紧急状态。施瓦辛格将矛头指向加州高额的预算赤字以及州政府所采取的削减成本措施，比如延迟给学校和地方政府拨款，这些都是宣布进入紧急状态的原因。加州目前有190亿美元的财政赤字，占到2010财年（截至今年9月底）预算总额的22%。施瓦辛格表示，根据目前情况推测，加州政府的现金流将在10月耗尽。如果新预算案还是不能通过，巨额财政赤字无法解决，届时加州政府将再次进入“破产倒计时”。

是庞大的加州公务员队伍吗？加州的公务员队伍，有三十几万人，他们享受着丰厚的养老福利。也正因此，施瓦辛格在紧缩开支时，首先想到的是身边的公务员。从8月1日开始，加州政府公务员恢复无薪休假，每月被强制无薪休假三天，近66%公务员受影响，预计每月为州政府节省近1.5亿美元。但事实上，为数不多的裁员和短期无薪休假，甚至领取最低薪金都只是表面功夫，真正的核心问题是加州公务员过于慷慨的退休制度，加州公务员退休金无资金来源的负债总额现在估计超过 2 000 亿美元。

当年施瓦辛格以一部《终结者》风靡全球，然而这回美国人要问，他终结的是问题还是财富？有人要给他一个“好听的”称号：财富终结者。可想而知，民众对他处理经济问题的能力颇有微词，认为仅凭无薪休假这些措施无法拯救加州。

然而把一切责任归结在施瓦辛格及那些公务员身上，有失公平。冰冻三尺，非一日之寒。从大环境来看，二十年间，加州经济已经遭受过几轮经济危机的轮番袭击，2001 年互联网泡沫破裂，位于加州硅谷的高科技公司纷纷关门；2007 年次贷危机来临，加州成为房地产泡沫重灾区，失业率也节节攀升，最高时超过了 15%。

你让我纳税，我让你变斗鸡眼

美国印第安纳州曼希市一位名叫卡里·马尔乔的房主表示，为了让人们亲眼瞧瞧财产税给他带来了多么大的痛苦，他要用硬币和一美元纸币上缴税款 12 656. 07 美元。

马尔乔说，一万多元的硬币零钱压得他“上气不接下气”，但是这非常值得，因为 2008 年 8 月 13 日，他目睹了 3 名出纳员在治安人员保护下，一刻不停，一分一毛地数着他半年来为其住房、生意和出租屋交纳的财产税。

马尔乔说：“我这样做，目的是为了让人们亲眼看看 12 000 美元究竟是什么。”最近马尔乔还曾上演过其他几出戏，目的全是抗议印第安纳州提高财产税。7 月底，在当地市政府办公大楼前，上演了声势浩大的“财产税抗议游行”活动，马尔乔是组织者之一。之前他表示，抗议要搞就要搞大，搞得大街小巷交通阻塞，搞出效果来。游行人数很关键，最好在 300 人以上，多多益善。

这次，马尔乔背着一麻袋钱赶到税务所，打算让出纳员都变成斗鸡眼。出纳员沃伦·毕比说，数这些零钱，他们花了一个小时零一刻钟，出纳员们动作麻利，点钞技术娴熟，数钞票对他们来说简直是小菜一碟。万元零钱的确是数完了，但是马尔乔的作秀之举却让排队交税的其他纳税人受了不少苦。

另外，马尔乔的这一抗议使税务所的当日银行存款损失了不少，当晚利息少了大约1 200美元。

加州政府打欠条暂缓财政告急

美国东部时间2010年8月19日（北京时间8月20日）消息，美国加州因190亿美元的大缺口而未被联邦政府通过2011年财政预算，不得已向政府员工和相关机构打欠条和实行每月无薪休假3天的工作方式，以缓解州政府财政压力。

加州此次财政危机源于本应7月1日开始的财政预算未能及时通过，州长和议员们继续争论该如何填补接近190亿美元的大缺口。今天，加州州政府高级官员江俊辉（John Chiang）表示：州政府将在未来两到四周内打欠条以维持政府的财政能力，预计涉及2.2亿美元的开支，主要是针对8月份州政府用来支付给社会服务机构、供应商和学校的费用。

上周，江俊辉出示了一份7月税收报告，数据显示7月加州税收收入不理想，低于预期1.9%。他说："未能及时通过本年度预算是对加州财政的最大威胁。"

加州是美国唯一未能按时通过2011年财政预算的州。不过，州长施瓦辛格今天得到的好消息是：加州最高法院推翻了下级法院的裁决，暂时阻止对加州政府工作人员实行的一系列休假措施。目前，在2011年财政预算批准之前，超过15万名政府职员不得不每月在工作日休息三天，这将每月节省1 472亿美元的费用。

州长发言人雷切尔（Rachel Arrezola）表示：“让政府职员放假是国家立法机构未能及时通过预算的直接后果，州政府现金缺乏而不得不在这个月打欠条。这不是州长想要的，但他必须保证政府能够继续运作并支付相关开支。”

州长施瓦辛格试图在预算批准之前为政府员工支付最低标准的周薪，但这项努力与休假裁决一起由加州最高法院裁定，9月8日最高法院将就此召开听证会。

加州政府不是第一次打欠条给政府员工和相关机构。2009年的预算危机迫使州政府在7月2日和9月4日之间发出45万张欠条，总计金额高达2.6亿美元。

美俄州税收超额大发圣诞 “红包”

2007年圣诞节将至，美国俄勒冈州百姓纷纷收到“红包”，里面装着金额不等的支票。送礼的神秘圣诞老人竟是俄勒冈州政府。

“这笔钱用处可大了。”收到一张600美元支票的波特兰市居民斯托克顿告诉当地媒体。她说，她准备用其中的100美元买罐头食品捐给饥饿的穷人，再买20双手套送给孤儿，剩下的钱为自己购置新衣。

根据俄勒冈州1979年通过的法案，只要当年州政府税收超过预期总额2%以上，州政府就应将部分税款返还给纳税人。该州上一次返还税款是在2001年，当时返还总额为2.5亿美元。2007年，由于该州房地产市场和新科技行业欣欣向荣，税收总额比之前最乐观的估计数字还要高出约20%，返还税款高达11亿美元，该州百姓因此收到空前丰厚的圣诞“红包”。

美国媒体23日报道说，装有支票的信件已被送进俄勒冈州千家万户的信箱里。大部分人收到的是一张600美元支票，而该州纳税最多的人收到了80万美元的特大“红包”。

除了俄勒冈州，阿拉斯加州和科罗拉多州政府也扮演过类似圣诞老人的角色。阿拉斯加州将石油和天然气的税收盈余发放给当地百姓，而科罗拉多州则通过《纳税人权利法案》，把超出政府开支的收入部分返还给纳税人。

不过，这种返还税款的做法2007年在俄勒冈州引发了争议。不少人认为，州政府应将超过预期的税款存起来，以防将来不时之需。据报道，2003年至2004年经济衰退期间，由于州政府缺乏资金，很多公立学校曾经被迫暂时关闭。

也有一些人坚决维护这种举措。波特兰市市民汉森认为，比起州政府，个人和私立机构更懂得如何明智和高效地利用资金，汉森将2007年所得“红包”的20%捐给慈善机构，其余用于支付女儿上私立学校的学费。

州政府返还税款措施最大的获益者是当地慈善机构。长期跟踪调查慈善捐款情况的俄勒冈州社区基金会主席夏耶说，圣诞“红包”使该州慈善机构2007年收到的捐款增加了约1亿美元。

古稀妇人没钱交税只好打劫

美国加州一名7旬的老妇苦于无钱交税，于是持械行劫加油站，但最终难逃法网。

警方称，71岁的老妇布兰科驾着货车在洛杉矶市郊的一个加油站，走近一名在防弹玻璃收费亭内的油站职员，用一把小口径手枪指吓对方索钱，但当布兰科看见该名职员致电报警时，她马上驾车逃走。警方根据油站职员提供的车牌号码，查出布兰科的住址，并于近日将她拘捕。

伦纳德表示，布兰科急需4 000 美元缴税，结果铤而走险，触犯刑法，因小失大。布兰科被捕后向警方道歉，也表示无法解释自己的行为。布兰科目前正被拘留在洛杉矶医疗中心，接受治疗以及心理检查。

美国：百万富翁860 万　三成被追税

最新公布的数据显示，美国国税局（IRS）2011 年对年收入逾1 000 万美元纳税人的查税比率大增，高达29. 93%。据报道，2010 年富豪遭查账率为18. 38%，2009 年为10. 60%；这个族群仅占全美纳税人的0. 01%。整体而言，美国对个别纳税人的查账率仍维持在1. 11%。收入在500 万~1 000 万美元的纳税人，遭查账率从2009 年的11. 55%跃升至2010 年的20. 75%，介于20 万~50 万美元的纳税人，遭查账率为2. 66%。纽约会计师事务所MarcumLLP 主管税务的合伙人裴利表示，遭查账的客户人数锐增10 倍，当中至少有5 人还被列入加强查核名单。

IRS 这项统计是2011 年会计年度的查账资料，涵盖2010 年所得申报。裴利指出，IRS 现在对个人收入查账的脚步比过去快，有时甚至在纳税人申报所得后数月内就找上当事人。

富户增加预示经济复苏。另据报道，主要是由于股市回升得利，美国百万富户再度增加。据美国顾问公司Spectrem Group 一份报告，美国百万富户的数目连续3 年增加，净资产百万美元以上的有860 万户。这个数字比2008 年的670 万户高，但是仍然不及2007 年的920 万户。

美国：考虑向百万富翁征收巴菲特税

北京时间2012年2月2日凌晨消息，据路透社报道，美国参议院周三提出议案，要求百万富翁缴税的实际税率至少达到30%。该议案以著名投资者巴菲特之名命名，并得到了奥巴马总统的支持。

该税收议案被称为“巴菲特规则”，它反映了奥巴马旨在11月总统大选前凸显美国税收不公平的意图。巴菲特缴税的实际税率要低于其秘书。

由民主党籍参议员怀特豪斯提出的《2012年公平纳税议案》几乎没有可能在共和党控制的众议院获得通过，共和党众议员已经发誓不会增加税收。

众议院议长博纳的发言人周三表示：“奥巴马总统拼命想转移公众对其失败的经济政策的关注。众议院共和党议员将关注真正能够有助于就业的税收政策，而不是宣传伎俩。”

该税收议案可能给政府带来的额外收入仍有待官方计算，但怀特豪斯称每年能够带来400亿~500亿美元的税收收入。

美国房产税是用来搞教育的

美国的中产家庭拥有一套自己的房子并不是特别困难的事情，但是美国的中产家庭却很少拥有多套房子或者把房子作为主要的投资渠道，因为要缴纳房产税。但是，如果你知道美国的房产税主要是用于教育支出，那你或许会对这个税种肃然起敬。

交房产税家庭的子女可享受义务教育

“美国的房产税是以学区政府为单位的，它也是美国的公共教育开支最大的来源之一。”曾在美国生活多年、任教于明尼苏达大学公共管理学院的聂爱军表示，理解美国的房产税，首先要了解它的功能，它是为所在的学区提供教育经费来源，因此房价高的学区，自然会配备比较优质的学校，大部分人也就心甘情愿地缴纳这样的房产税。

聂爱军表示，他在明尼苏达州住的时候，所买的房子房产税税率2%左右，这样一套大约15万美元的房子，一年缴纳约3 000美元的房产税，对于一个年收入在8万~10万美元的中产家庭来说，负担并不算太重。更主要的是，小孩子在这个学区读书，可以享受完全的义务教育，而美国的教育支出是按照人均标准来算的，同一个学区一般学校的质量不会有太大差别，都可以实现就近入学。

美基础教育经费中房产税占一半

聂爱军表示，“大多数人买房子都用贷款，因此房产经纪公司会在每个月帮你扣缴房产税，但是这部分支出和贷款利息一样，都可以抵扣一部分个人所得税的税额。这也是美国的税收政策比较合理的地方。甚至大学生如果租房子的话，因为属于低收入人群，房租里面包含的房产税还会得到返还。”

在美国基础教育公立学校的经费来源中，房产税占了45%~50%，其余45%左右由州政府承担，而剩余的8%左右由联邦政府承担，当然这会导致地区之间教育资源不均衡的问题。

但是不管房产税是高是低，都是自己所在地方政府经过投票决定的。而房产税太低的地方，不一定是人们愿意待的地方，因为这些地方的教育水平与住户的素质也不会太高。

房产税可抵个人所得税

美国的房子虽然需要缴纳固定的房产税，但是这部分支出会被计算到每个家庭的个人所得税中的支出中。比如一个中产家庭收入 15 万美元，需缴纳的个人所得税率在 20% 左右，但其需要缴纳的个人所得税的部分，可以减去买房的贷款支出以及房产税的支出再扣税，因此也有许多家庭即使有能力还款，也还会继续使用房产贷款，或者贷款还得差不多了还可以进行二次贷款，拿回一部分现金。

房产税税率 1.5% ~3%

美国不会有人炒房，投资房产不是一件合理的事情，因为一个人拥有几套房产，每年需要缴纳的房产税加起来是一笔不菲的费用。

美国税务专家吕旭明表示，美国房产税各州甚至各个学区都有所不同，通常在 1.5% ~3%，超过百分之二点几就算是比较高的税率了，只有纽约州等少数地区房产税会达到 3%。而房产税的税基以买房时候的成交价为准。如果房子经过两三年估值变化比较大，会由当地的专业组织进行评估，然后再按照估值进行缴税。

一些价格特别高的豪宅，政府会征收奢侈税，一些明星的房产年缴税额超过 100 万美元。

不交税房子可能被强制拍卖

在美国，缴税被视为天经地义的事情，房产税也不例外。聂爱军称，如果房子长时间没缴纳房产税，除了补交罚款之外，还有可能被政府强制拍卖，缴税负之后的余款再还给业主。

当然，由于大部分人买房量入为出，买得起也意味着交得起税，不过如果一个人突然失去收入，或者收入大幅下降，房产税也会是比较大的负担。2008 年的经济危机，付不起利息和房产税的人大有人在。一些老年人退休之后，会选择将房子卖掉，入住老年公寓，目的是减少税务开支。

聂爱军表示，在美国，独栋别墅没有物业管理费，但联排别墅或公寓则会有物业管理费。虽然没有小区物业管理处的概念，但并不意味着可以对自己的房子为所欲为，连改变房子的颜色都需要征得小区自治委员会的同意。

洛杉矶 9 旬老太因售卖“自杀工具包” 逃税而被判刑

洛杉矶一名 92 岁老太因售卖“自杀工具包”引起全美轰动。日前，这名叫海登的老奶奶因为逃税而被法院判处 1 000 美元罚款和 5 年缓刑。

2011 年，海登自制“自杀工具包”售卖引发全美争议。这种由塑料袋和氦气罐组成的自杀工具包打开后可以让人窒息而亡，每个售价 60 美元，附有详细的使用说明书。曾经目睹身患绝症的丈夫痛苦离世的海登说，制作并销售这种产品的目的是基于对身患绝症的人的同情心理，她希望该产品让人在舒适的家中平静地“永远睡去”而结束生命。

根据联邦检察官的调查报告，从 2007 年开始，海登向世界各地销售了 1 300 个“自杀工具包”，邮寄包裹上有时会标记“兰花加湿器”、“美容帽”、“塑料雨罩”等来瞒过海关检查。南加州圣地亚哥有四人用这种工具结束了自己的生命。2010 年，俄勒冈州一位 29 岁的抑郁症患者也使用海登的产品自杀，引起了各界关注。俄勒冈州议员也因此提出一项法案，禁止发售任何助人自杀的设备。

第四章　英国财税趣闻

英国税收棒打鸳鸯

在英国，结婚意味着要多交税，不少情侣因此徘徊在“围城”之外。

男大当婚，女大当嫁。千百年来的公理却在英国引出副产品——“结婚就要受罚”，这是英国纳税人的感受。

威廉和克里斯蒂娜都已年近40岁，有两个孩子，是伦敦当地的中产阶级。这对爱人加父母，竟然没有结婚。两人生活安定，志趣相投，孩子也活泼可爱。他们在聊天时告诉朋友，始终不履行结婚手续只有一个原因：如果结婚，每年两人要多交不少税款。

这样的英国“夫妇”不是个别现象。传统观点认为：结婚能降低生活成本，共同积累财富。如此看来，英国的已婚夫妇不免受到现有税制的挑战。

英国个人收入所得税属于累进税，并且以家庭为单位征收，每年收入在0～2 230英镑的税率为10%；每年收入2 231～3.46万英镑为22%；3.46万英镑以上的为40%。纳税人结婚后，所适用的税率很可能将大幅跳涨1倍。

英国剑桥大学国王学院的罗伯特教授在一份报告中说，英国的税收制度不鼓励人们合法地结婚，更不鼓励家庭抚养孩子，税收制度变相地鼓励了家庭破裂。

英国人还羡慕地看到，美国、法国、德国和奥地利等国税收政策都对合法家庭有充分考虑。美国政府 1969 年修改税法，影响了美国 42% 的已婚家庭，使平均每个家庭每年损失约1 400美元。2003 年，美国通过一项减免法案，很大程度上取消了税收中的“婚姻惩罚”条例。在这样的趋势下，英国还能坚持多久?

伦敦新贵：少纳个税，流行住在船上

用米兰·昆德拉的小说书名《生活在别处》来形容当下一些伦敦人的生活方式再合适不过了。泰晤士河横穿伦敦，而选择在水上生活也成为一些伦敦富人这几年的乐趣所在。向往现代生活之外的自然风景是许多伦敦人选择这种生活方式的根本原因。

游船内设施齐全

选择水居的伦敦人多数是伦敦金融城的从业者，他们会花上十几万英镑购买一条中等规模的游船，作为岸上住宅之外的另一个家。随着这些年爱好在船上生活的人越来越多，他们也有了一个称呼——水居群。既然是居住，水上居所自然是设施齐全。一般来说，这样的游船都会包括三间以上的卧室、一个宽敞的客厅，还有现代化的厨房和浴室。英国的市政服务很周到，只要和停船处的船坞管理中心联系，煤气、水电等能源接口很方便就可以接到船上。除了这些，船上还会配备卫星电视、电话，船主在任何时候都不会感到同外面的世界隔绝。

对于多数水居群来说，在船上生活的时间多是个人的悠闲假期。从伦敦市中心的凯瑟琳船坞到东区格林尼治附近的金丝雀码头，每逢夜晚，尤其是周末，到处都是小型的游船在泰晤士河上徜徉。爱热闹的水居群会将船上所有的灯光开启，邀请朋友在船上举行歌舞派对。伴随游船快速行驶，船上的歌声笑语也是传了一路。

租码头费用不菲

建造水上家园更多的开销是用在长期租借伦敦市区船坞港口，以及缴纳伦敦泰晤士河道管理的费用上。几乎每一个伦敦水居客都会沿泰晤士河的大小码头购买或是租用一个停船口，安放他们的游船。他们还可以让码头管理中心帮助打理船舱内外的清洁，保证舱内个人财物的安全。而为了这些，船主通常每年需要缴纳数万英镑的费用。

游船每次进出港口要提前通知伦敦市河道管理局，管理局根据船号按照游船尺寸做出通行安排。每天，伦敦塔桥都会不断地将两端桥面升起，让河面上行驶的船舶通过，其中很多都是水居群的游船。

稻草别墅也很受青睐

除了水居，现在伦敦人热衷的另外一种生活方式就是城乡结合。许多伦敦人在远郊买上一栋木质或是稻草搭建的原始型别墅，用来作为周末、假期的生活去处。同水居相比，购买这样的乡间别墅成本要低得多。在周五的工作结束后，他们就会驾车或搭乘火车回到乡间。他们会同亲朋好友相聚聊天、钓鱼、骑马，或者纯粹是自己独自看书、听音乐。他们会在周日的晚上早早休息，在周一清晨穿上西服，拎上公文包，开车返回伦敦工作。

即使这样，一些独身的“城乡穿梭者”还是厌烦长途奔波的生活，索性把城里的房子变卖或出租，自己买上一辆大型房车居住。他们每天下班后会开车十多千米，回到停在城乡之交的林间房车上生活。和水居群的游船相比，房车更多的作用是个人休息。伦敦人认为这样可以省去重复购买家具用品的麻烦，还可以避免缴纳更多个人税收，花更少的钱享受自己心仪的生活。

“英国第一矮人” 税官身高只有88厘米

英国汉普郡南安普敦市50岁海关官员迈克尔·亨布里堪称英国“最矮小的父亲”，他患有一种罕见的软骨畸形发育不良症，导致他的身高只有88厘米，迈克尔甚至还没有7岁儿子约瑟夫的个子高！不过，迈克尔却对人生充满了乐观和幽默态度，他甚至还在《星球大战》系列电影中扮演过一名矮小的外星人！

迈克尔有一名现年41岁的菲律宾裔妻子乔丝，她的个子大约高出迈克尔一倍！然而，矮新郎迈克尔和妻子乔丝却生活得非常幸福，7年前，乔丝怀上身孕，替迈克尔生下了一名叫做约瑟夫的漂亮儿子。迈克尔说：“因为约瑟夫有50%的概率会遗传我的疾病，我曾经很担心。当我发现约瑟夫的身高很正常时，我这才放下心来，我将他称为我的奇迹婴儿。”迈克尔称，由于他88厘米的身高，当父亲对他来说堪称是一项巨大的挑战。当约瑟夫3岁大时，他就长得和父亲一般高了。当约瑟夫4岁时，迈克尔甚至快抱不动自己的儿子了。不过，骄傲的迈克尔仍然喜欢频频带儿子到公园中玩球。如今，7岁的约瑟夫已经长到了1.2米高，他的身高已经远远超过了自己的父亲。

迈克尔称，由于他的身高只有88厘米，他在生活中和工作中都遇到了很多常人难以想象的困难，譬如他想坐到沙发上，那么他必须飞腾跳跃一下，然后爬上沙发。他必须使用一个特制的台阶，才能爬到浴缸中洗澡。迈克尔已经在南安普敦税收和海关办公室工作了至少30年，他的同事们经常爱和他开善意的玩笑。迈克尔说：“每次圣诞节的派对上，我最后都会被爱恶作剧的同事们关进一个箱柜里或橱柜里。有一次我被放到了一个冰箱顶上，我只得不停地吹口哨，直到有人赶来将我救下来。”

然而，也正是同事们偷偷为他报名，才使迈克尔在1983年当上了科幻电影《星球大战：绝地归来》中的一名演员，扮演了一名外星人。乐观幽默的迈克尔对自己现在的生活可说相当满意，他的故事已经被拍进了英国独立电视一台的纪录片《超人：世界上最矮小的人》中。

英国财政紧缩 女王亦感寒意

当英国政府2010年10月举起财政紧缩大旗时，伊丽莎白女王也感到了阵阵寒意。

英国推出几十年来最大规模的政府预算削减计划，英国财政大臣乔治·奥斯本（George Osborne）称，女王表示自己也会尽一份力。

奥斯本称，女王对冻结王室费用（Civil List）一年已“优雅”地点头。该费用由纳税人提供。

该费用的很大一部分将用来支付工资，其余用于办公文具、洗衣与花园宴会等项目支出。

奥斯本告诉英国议会：“女王还同意2012—2013年王室总开支降低14%，并冻结王室现金津贴。”

一富翁为避英国税在空中过夜

据新华社专电，一名富翁每年时常乘坐私人飞机进出英国空域，在空中度过午夜，不为享受奢侈，只求避免纳税。

按照规定，每年在英国停留时间平均超过 91 天者，需要纳税。

英国首相戴维·卡梅伦的前助手莎拉·萨瑟恩披露，一名支持执政党保守党的富翁“有时乘喷气式飞机飞出去，半夜后飞回来，所以，就不算一整天”。

媒体记者今年早些时候乔装改扮，在瑞士城市苏黎世与萨瑟恩吃饭，“钓”出这条消息。英国《每日邮报》援引萨瑟恩的话报道，那名富翁乘坐直升机前往英国首都伦敦以北的卢顿机场，换乘私人喷气式飞机，离开英国空域，在飞机内的卧室睡一晚。

她说，那名富翁非常有钱，只要能尽量在英国“白待”，逃避大笔税收，不在乎飞行花费，号称“你可以每周在私人喷气机上睡 3 晚，想干什么就干什么。整个世界都是你的”。

2010 年以前，进入或离开英国的当天不计入停留时间，因而那名富翁每飞一晚可以“节省”两天。英国税务当局随后修改规定，如果当天入境，待到午夜，算作一天。

为缴税， 英雄卖勋章

一位参加过第二次世界大战的英雄将他所获得的“勇士勋章”送到英国的克里斯蒂拍卖行公开拍卖，用以缴纳人头税。

罗纳德·麦金利因为在战斗中救了一位战友，又率先用手榴弹发动了一次袭击而受到奖赏。他在诺曼底登陆那天表现突出，获得了值得夸耀的“勇士勋章”。罗纳德·麦金利很希望他的这些勋章能卖到 1 万英镑（约 1.65 万美元）。他打算用 600 英镑（约 1 000 美元）缴纳人头税，其余的用来补充入不敷出的养老金。

英国7岁数学神童成财政大臣最年轻顾问

据《每日邮报》2010年9月1日报道，刚刚在英国GCSE（普通中等教育证书）考试中取得最好成绩的7岁神童奥斯卡·塞尔的数学天赋近日有了用武之地，他成为英国财政大臣乔治·奥斯本最年轻的一位顾问，就英国的财政事务提出了一系列颇有见地的意见。

据报道，在2010年的英国GCSE考试中，年仅7岁的奥斯卡成为获得数学最高分的最小考生。而这位神童近日又当起了财政大臣的小顾问，展现了自己在财政事务方面的天赋。

正与家人在海滨度假的奥斯卡从繁忙的建筑沙堡“工作”中抽出时间，针对英国财政政策向奥斯本提出了一些建议。他认为不应该用纳税人的钱资助银行，反而应该让银行拿出钱来做些有用的事，此外还应该在养老和抗击自然灾害等方面增加投入。

当被问起怎样解决英国最大的数学难题——1 708亿英镑的财政赤字时，奥斯卡建议增加税收并创造更多的就业机会。

此外，奥斯卡还认为国家在某些方面是一定不能省钱的，例如解决全球变暖问题以及能够“振奋人心”的音乐和艺术。奥斯卡十分同情那些饱受贫困和饥饿折磨的国家，建议给那里的人们提供更多的帮助。

奥斯卡的母亲告诉记者，他在2岁时就对数字表现出极大的兴趣，但是这位小顾问并不想从政，他的理想是当一名发明家，设计出不需要燃料的汽车。

英夫妇自称活不到2012年，拒交奥运税

据英国媒体报道，一对老年夫妇发誓宁愿蹲监狱也不愿交为2012年奥运会而特别征收的房屋税。

这对老夫妇名叫汤姆·格尼斯特和丽塔·格尼斯特，他们坚称，为了举办奥运会而向伦敦住户征收33.33英镑的税不公平。因为屡次不理市政部门的缴税要求，这个月底，夫妻俩将被送上法庭。如果被判有罪的话，两人将面临3个月的牢狱生活。

78岁的汤姆是一名退休土木工程师，曾参加过英吉利海峡隧道的建设。在了解到伦敦奥运的花费将大大超过原来的预计后，他决心成为第一个“奥运殉道士”。他和76岁的妻子拒绝支付33.33英镑的收费。

汤姆说：“我有钱付这笔税，但我们也有原则。我们的首相多次对我们说，伦敦举办奥运会让全国受益，但为奥运会掏腰包的，却只有伦敦的纳税人。为什么光让伦敦人为奥运会埋单？我们是两个靠养老金度日的人，到2012年可能已经不在人世了。让我们出钱修建那些我们可能永远也看不到的造价昂贵的场馆是不对的。北京奥运会非常好，我们的运动员获得了不少奖牌，为英国增了光，添了彩。但我并没有看多少电视，因为我度假去了，2012年我也不会看。很多伦敦人与我有同感，他们现在都站出来为自己说话。我们愿意为此蹲监狱。”

他说：“我认为，等到2012年，我们得投入100亿英镑。”

汤姆之所以这样说，是因为伦敦市长鲍里斯·约翰逊声称，这届奥运会的投资不会超过93亿英镑，即使如此，这个数目仍是2005年伦敦申奥时所估计的开支的近4倍。

按照伦敦市政府的规划，10亿英镑的奥运开支将由伦敦纳税人承担，另外，发行彩票可筹集20亿英镑，英国政府出资60

亿英镑。

英国考虑开征“死亡税”

有亲人死亡时，其家属将必须支付一笔100~180英镑的“死亡税”以检查死因。

据媒体报道，各地方政务委员会正敦促大臣们重新考虑该举措。它们警告说，这将对低收入家庭构成严重打击。

火葬的费用已经包括了一项160英镑的收费。这笔费用经火葬场最后到达政府手中。但是这项新的收费（由地方市政部门收取）将适用于所有形式的葬礼。

火葬费用已经包括了医生在葬礼前的一笔额外的尸检费用。火葬前进行尸检是因为，害怕日后有人对死因提出怀疑，而那时尸体却已经不存在了。

火葬前的尸检是在希普曼案件后引进的。医师哈罗德·希普曼于2000年被判谋杀多名病人。而他本人能够证明这些死亡事件是合法的。已经火化的死者没能留下他的犯罪证据。

新的收费项目将为一个拥有1 000名独立医疗人员的专门团队提供资金，使他们每年对英格兰和威尔士的大约39万起死亡事件进行仔细审查和确认。但是地方政府协会已经给大臣们写信，表示反对该举措。

地方政府协会的戴维·罗杰斯说：“这不仅对地方政府来说是额外的负担，因为它们的资源已经非常紧张。而且对失去亲人的家属来说，也是如此。家属将为每项死亡登记支付一笔来历不明的费用。”他说：“我们还必须考虑到公众如何看待这个系统。它很可能被解读为‘死亡税’，而市政部门则被死者家属（尤其是低收入者）不公平地看成恶人。”

英税务部门紧盯体育选手 运动员自称“奶牛”

据证券时报网2011年7月报道，随着塞尔维亚选手德约科维奇上周末苦战四局击败卫冕冠军纳达尔，持续两周的温布尔登网球公开赛完美落幕。正当大家的目光都被德约科维奇这位国际职业网球男单排名新科世界第一所吸引时，英国税务部门却盯上了那张高达110万英镑的奖金支票。

虽然2011年温网的奖金创下了历史新高，但德约科维奇真正拿到手的，也就只有五成多。因为，按照英国的税收规定，对于像足球这样的团体项目，运动员的收入是免税的，而对网球、高尔夫等个人项目，运动员的收入不仅要课税，而且比例不低。除了奖金要交税外，英国税务部门还详细划分了运动员的赞助商合同、肖像使用、广告等收入，按照不同比例收税，以至于有球员无奈地将自己称为“税务奶牛”。

税务的重压，使得不少运动员对在英国举行的体育赛事敬而远之。比如2010年尤塞恩·博尔特就因此退出了钻石联赛伦敦站比赛，这位“百米飞人”自认怎么都没有英国税务人员跑得快。

目前英国的税收条例客观上阻碍了一些最顶尖的运动员前往英国参赛。为了改变这种情况，一些赛事组织者努力与英国税务海关总署讨论“后门条款”。但除了势力庞大的足球外，其他体育项目的进展寥寥。

可是，再有300多天，伦敦就将举办全球最盛大的体育赛事奥运会，届时几乎所有的体坛明星都将在泰晤士河畔云集献艺，同时也带来了巨大的商业机会。而为了厘清这部分税收，让每一英镑都“颗粒归仓”，英国税收部门还特别制定了“奥运条款”。而早在7年前伦敦申办2012年奥运会时，伦敦组委会曾向国际奥委会表示，体育明星不会面临英国严厉的税收条例。

英国税务部门放出话来，在奥运会上目前只对阿迪达斯和维萨信用卡等有限几家顶级官方赞助商活动放宽税收政策，其余的税收另算。就拿德约科维奇来说，2012年6月底他又要在温布尔登挥拍卫冕，到时少不了交税。而就在温网结束几周后，在同一块场地上，他很可能又要代表塞尔维亚出战冲击奥运金牌。而在这个阶段，他的形象使用权可以免税，可为赞助商出席活动要交的税却一个子儿都不能少。

按照英国税收部门给出的“奥运条款”，那些能为奥运做宣传的商业合同倒是可以免税。比如在电视节目中提到奥运会的运动员，他们的这部分收益就能免税，但如果没说“奥运”两个字，那么对不起，一英镑的税都不能少交。

对奥运运动员征税，一方面能让债台高筑的英国国库稍显充盈，另一个冠冕堂皇的理由是可以让伦敦奥运会的成绩大幅上升。由于商业活动收入受限，运动员们可能宁愿在奥运村老老实实待着，将所有精力放在比赛上。当然了，即使坐着不动，也并不意味着税务部门不会找上门来，因为只要能登上领奖台，就可能要交税。现在不清楚的是，英国税收部门怎么对奖牌估价，那么一块沉甸甸的贵金属在税务部门看来，也是一笔不小的收入哦。

第五章　其他国家财税趣闻

印花税下调

20××年，一老人垂危之际，颤抖着嘴唇对自己的孙子说：“孩子……等……印花税……下调了，一定……要写……在纸上……烧给我，我要在下面投资。”

孩子说：“放心吧爷爷，我一定努力活到那一天。”听完孙子的话，爷爷满意地闭上了双眼。

21××年，一位行将就木的老人跪坐于坟前，禁不住泪如泉涌：“孙子不肖啊，这么多年来，我一直等，也没等到印花税下调，我愧对列祖列宗呀！”说完，急火攻心，浑身颤了两颤就不动了。那双眼睛却还瞪得大大的，死不瞑目呀！

孙子死后上了天堂。一天他遇到了上帝，上帝说：“我能满足你一个愿望。”

他说：“能把日本岛沉了吗？”

上帝说：“这个难度太高，换个吧。”

孙子又说：“那我要印花税下调。”

上帝擦了擦头上的汗说：“你前一个愿望是什么？把地球仪拿来我看。”

瑞典要征“男人税”

在欧洲，瑞典的家庭暴力现象相对比较严重。据路透社2008年10月4日报道，瑞典议会最近提议，向国内所有的男性征收“男人税”，然后用这笔税款作为补偿基金，以安抚那些家庭暴力事件的女性受害者。

不过，这个草案如果真的通过了，恐怕会带来新的麻烦。一则因为瑞典的税收已经是全球最高的了；二则如果要求全国男性交这笔税款，那么会不会使某些人产生“错觉”：既然已经交了“赔偿金”，那么就可以心安理得地打老婆了。这样，家庭暴力问题恐怕会越发严重。

姓名中的 “税”

查《新华字典》，对“税”是这样解释的：国家向企业、集体或个人征收的作为财政收入的货币或实物。组词如“纳税”、“营业税”、“个人所得税”。但很少有人知道，税也是一个姓氏。

上百度搜索“税姓”，现照录有关资料。税姓源流纯正，起源主要有一：源于古国名。据《中华姓氏大词典》所载：“源古税国，在蜀。”始祖：税汝霖。起源之二：据贵州省习水县税氏族谱记载，税姓源自西周成王时期，约公元前1064年—公元前1044年。约公元前1066年，西周才建立两年，武王病死，其子成王（姬诵）年少继位，由武王之弟周公（姬旦）辅政。封武王之弟，成王之叔姬处于诸侯国霍。姬处之子姬申分封的采邑名曰税邑。姬申以邑为姓，此乃税姓之源。（根据周朝宗法制度，诸侯国封地和爵位由嫡长子继承，诸侯国君又分封自己的兄弟以采邑，建立卿大夫之家。卿大夫在自己的封邑内建立宗庙统帅自己的家族）贵州省习水县、重庆市江津区、綦江县税姓乃同宗同源，于元朝元世祖忽必烈至元年间（约公元1273年），籍起江西省瑞昌县。始祖：税金玉；祖妣：李氏。税姓约于周代起源于今四川中部，后成为当地大姓之一。据《路史》载："蜀王见廪君兵强，结好钦宴，以税氏五千人遗廪君。"可见当时税氏人数之众。西汉末年曾帮助公孙述割据蜀地，并由此东迁，南朝初年已有族人居住在今湖北西部一带。税姓以河间郡为郡望，说明曾在今河北一带形成郡姓望族。如今则是湖北、四川等地较有影响的姓氏之一，陕西、贵州等地也有税氏分布。目前税姓人口没有进入全国前三百位。历史名人如：税安礼，宋代地图学家、蜀（今四川）人，生平不详。元符中（1098—1100年），撰《历代地理指掌图》，始帝喾，迄北宋，绘图四十四幅，"图其疆域，著其因革，刊其同异"，为最早的中国历史地图。税钟麟（1878—1910年），近代民主革命者，字锡畴，别号树人，四川井研人。其他税姓名人有宋经学家税与权、进士税挺等。近当代税姓名人有爱国民主人士税西恒、政治活动家税正宽、翻译家税蔚梅、书画家税正举等。

而以税为名的有邱税。《江西历代人物辞典》中载：邱税，字为高，南宋南丰人。性嗜古，善为文，忧时之心，散见于篇翰。著有《议古集》、《寓文集》、《诗解义》等。这样说来，"税"的含义又更进一步丰富了。

孟加拉国娶老婆也交税

自2006年7月开始，孟加拉国第四大城市拉杰沙希为了改变一夫多妻这项古老的习俗，对娶多个妻子者进行征税，任何男子娶第二个妻子时要交纳 1 万塔卡税金，到娶第四个妻子时税金上升到 4 万塔卡。据悉，这个城市希望积极推动现代化进程，而上述新措施则是其中的一部分。

澳大利亚：税号伴一生

在澳大利亚，办许多事只有身份证不够，还得加上税号。而税号制度的采用，正是澳大利亚个税征收有保证的最基本环节。

澳大利亚的征税年度从每年 7 月 1 日开始，至下一年的 6 月 30 日止。税收由联邦政府税务局管理，该局在各州市设有分局，代表联邦政府收税。

对占社会大多数的领薪者来说，雇主有责任在发工资时将其所得税预先扣除并交税务局。每年报税时间到了，雇员自己再填写一份申报材料。税务局会根据个人的具体情况，根据各项减免规定，多退少补。如果未提供个人税号，发薪单位将以 47% 的最高税率扣除领薪者或养老金领取人的税金，外加 1.5% 福利保险税。社会福利部门也会拒绝向其发放福利金。

澳大利亚税务局提供多种语言帮助纳税人解答个税申报方面的问题，其个税征收和监督体系的设计，也起到了鼓励人们诚实报税的作用。全社会普遍的如实交税的意识，是由一个严密、公正的条款设计和惩罚严厉的税制体系培养出来的。

澳大利亚税法的惩罚规定根据情节轻重予以处罚：故意少报收入多报开支的，罚漏缴税款额的 75%；在审计过程中主动申报补税的，罚少缴税款的 60%，如在审计以前补报的，则交 15% 比例的罚款。无意的少报罚款 25%，如有抗拒则罚款 30%。对少报收入，除罚款外，还有罚息。若逃税倾向严重、情节恶劣，则以刑事处罚。

面对浩如烟海的个税申报材料，税务局监督的做法是普遍抽查和重点监控。这其中，选案、稽查、审理、执行有明确的规章制度，并且在程序上很明确，尽量减少税收执法的随意性，同时体现税收的刚性原则。

重点监控的对象主要是一些社会名流政要。这些人若想将这年的收入多留些，税法给他们指出一条出路，那就是向社会捐赠，或者投资国家鼓励并扶植的项目，比如去造林、拍电影等。

监督逃税，还有一招——举报。税务局有责任对举报人的资料保密。同时，纳税人也有权利取阅税务局持有的关于其本人的资料。遇有争议，也有申辩的机会。

总的来说，澳大利亚是一个高税收高福利的国家。个人所得税的起征点较低，税率较高，社会上绝大多数人都被划进纳税范围，普遍征收，有利于强化公民的纳税意识，同时调节了公民之间的收入水平，也有利于促进经济的健康发展。

名人移居“税收天堂”，瑞士、欧盟为税再起争端

2006年，法国著名摇滚歌星约翰尼·哈里代（Johnny Hallyday）把其永久居住地从法国迁到了瑞士的滑雪胜地格施塔德。63岁的哈里代说：“我实在不愿意缴那么多税了，这就是移居瑞士的原因，在法国我差不多要把总收入的70%纳税。”而在此之前，法国已有许多名人把瑞士看成“避税圣地”而移居那里。

哈里代移居瑞士在法国引起了很大反响，并再度引起人们对法国税收制度的议论。与法国相比，瑞士的税负要轻得多，近几年法国许多名人和一些大公司的总部纷纷移居瑞士。这引起了法国政府的极大不满，多次要求瑞士修改其税法，但瑞士

对此置之不理。双方的税收争端由此愈演愈烈。

争端根源：税负相差悬殊

法国是欧洲个人所得税税负较高的国家。从2007年起，法国实行个人所得税新税制，把个人所得税的免征额从原来的年收入4 335欧元提高到5 515欧元，税率等级由6档减为4档，最低税率从原来的6.83%下调为5.5%，最高税率由48.09%下调为40%。即使如此，其个税最高税率也比其他欧洲国家高许多。

尤其让法国富人苦恼的是，除了很高的个人所得税外，他们还要缴纳财富税。目前的标准是，个人总资产超过72万欧元的法国人，每年要向政府缴纳财富税，税率为1.8%，现在将近40万法国人缴纳此税。而且近年来随着房地产价格的上升，这一数字还呈上升趋势。财富税引起法国富人的反感，就连法国财政部长布雷东也承认，财富税已经很“危险”。

布雷东表示，此次改革中，政府还对个人的“最高纳税比例”做出规定，即一位纳税人每年缴纳的个人所得税、财富税和地方税的总和最高不超过其年收入的60%。而实际上，这已是非常高的比例。另外，法国的公司税税负也较重。

与法国相比，瑞士的税负要轻得多。瑞士实行联邦、州和地方三级征税体制，各州都有权制定自己的税收制度。高度的自治权是这种自主决定的税收体制存在的前提，而这种自主决定的税收体制又为很多州制定针对外国富人的特殊税收待遇提供了条件。有些州的税率非常低，甚至仅相当于某些欧盟成员国如德国、法国或英国相应税率的一半。在个人所得税方面，联邦和州综合税率最高只有27%，最低只有3.4%。而且人们向往居住的一些热点州，为了吸引富人来此居住，甚至不征地方的个人所得税。在公司所得税方面，联邦公司所得税税率只有8.5%，许多州为了吸引外国公司，不征地方的公司所得税。对于移居者的财产，移民只需根据他们在瑞士的财产价值，一次性缴纳一笔较低的税款，以后就不用再缴税了。

瑞士成为名人和公司的天堂

税收优惠政策对外国富人极具吸引力。除法国摇滚歌星约翰尼·哈里代外，2007年1月17日，瑞士官员证实，英国走红歌星詹姆士·布伦特准备移居瑞士著名滑雪胜地韦尔毕耶。目前宜家公司的创始人——亿万富翁英瓦尔·坎普拉德，还有净资产紧随其后的俄罗斯石油大王维克多·维克赛尔博格等都在瑞士居住。德国赛车手麦克尔·舒马赫、自行车选手扬·乌尔里希以及英国流行歌星菲尔·柯林斯、美国“摇滚教母”蒂娜·特纳等，都已移居瑞士。2005年刚刚成为F1历史上最年轻的世界冠军、西班牙小将阿隆索也把永久居住地迁到瑞士。据瑞士有关部门统计，目前大约有3 700位百万和亿万富翁移居到瑞士以获得税收优惠。

税收优惠还吸引了大批跨国公司来瑞士落户。如宝洁、易趣、星巴克、强鹿（JohnDeere，美国历史最悠久的老工业企业之一，是设备制造业的先锋）等。此外还有很多企业正准备迁往瑞士，如排名于瑞士雀巢之后的全球第二大食品生产厂商美国的卡夫公司近日表示，将把位于伦敦和维也纳的欧洲总部迁移到瑞士苏黎世；世界第一大搜索引擎公司Google也准备在苏黎世建立一个研发中心；美国消费业巨头高露洁棕榄公司决定把总部从巴黎迁到瑞士，据称这将使它们的企业所得税税负从30%降到6%。据调查，1999—2001年，约有59%的欧洲跨国公司都选择了把总部定在瑞士，其原因之一就是瑞士有良好的税收环境。当然不可否认，除税收优惠外，还有瑞士位于欧洲中部、生活水平很高、申请签证的程序比较简单等原因。

瑞士、欧盟再起口水战

瑞士的低税制引起法国政府的抗议，法国多次要求瑞士政府修改其税收制度。2007 年 1 月中旬，瑞士新上任的联邦委员会主席米什琳·卡尔弥·瑞对瑞士一家媒体表示："我们制定税收政策不需要其他人的任何意见，这完全取决于瑞士选民的意愿，每个国家都有权利捍卫自己的经济利益。"她认为，法国的指责是对瑞士税收主权的挑战。

其实，双方的口水战已非新鲜事。早在 2005 年 9 月，欧盟委员会就在一份备忘录中质疑瑞士楚格州和施维茨州的税收优惠政策构成了不公平的税收竞争，而瑞士则一直坚决进行反驳。之后，欧盟和瑞士就此问题召开了几次高层会议，都无果而终。

随着更多的欧盟企业迁到瑞士，这些国家的税款大量流失，它们也开始对瑞士进行指责，并逐步升级。法国政府认为，瑞士税率过低，应该主动调整税率以表示对邻国政府的足够尊重。法国甚至有政府官员公开称瑞士一些州的做法是"税收盗窃"。西班牙一位高级官员则说："这是一个政治问题，因为它已经引起了非常严重的逃税，许多欧盟成员国都因此受到损失。"

其实，近年来，不止瑞士一个国家在降低企业所得税率，欧盟某些成员国如几个东欧国家也在这样做，但它们都签订了防止反竞争的行动法案，法案禁止成员国制定低于本国企业的税率以吸引外国企业。但瑞士不是欧盟成员国，没有签订类似的法案。2006 年 7 月，欧委会主席巴罗佐激烈批评瑞士某些州给予外国企业的税收特权："某些州正在实行差别性的税收体制。"他还警告说："如果瑞士想融入欧盟市场，就必须改变税收体制。"

欧盟对瑞士低税率的批评集中于瑞士违反了双方 1972 年订立的《自由贸易协定》的有关条款。该协定第二十三条第三款规定："任何扭曲或者可能扭曲竞争的公开援助，比如给予某些承诺或者对某些商品生产给予优惠都有悖于本协议。”欧盟认为，瑞士的低税率实际上是对外国公司的一种补贴。

而瑞士方面则认为，税收制度与《自由贸易协定》没有任何瓜葛，将一些征税权下放至各州和各州制定低税率都不违反1972年和欧盟制定的《自由贸易协定》。它们也不承认低税收就构成了补贴，既不是直接补贴也不是间接补贴。2006年5月，瑞士驻布鲁塞尔的代表表示：“我们已经为欧盟提供了所有它们需要了解瑞士税制的信息，但遗憾的是，它们还是不能完全理解我们的立场。这对瑞士而言，不是技术方面的问题，而是政治方面的。因为瑞士是一个联邦制国家，州的税收权是州自治权的重要组成部分，我们将坚持这一观点。”瑞士财政部长汉斯·鲁道夫·梅尔茨还说：“欧盟是在忌妒瑞士在税收竞争方面的成功。”

由于瑞士和欧盟一直没能就税收问题达成一致，欧盟已经准备单方面采取措施了。布鲁塞尔打算实施所谓的“保护性措施”，比如欧盟可能收回对某些瑞士商品的优惠性关税。如果瑞士也采取“保护性措施”，那么双方就可能发生贸易争端。而瑞士和欧盟是非常紧密的贸易伙伴，贸易争端对双方都不利。

瑞士各州之间的税收竞争

对于瑞士的低税政策，瑞士民间的观点则与官方不完全一致。很多瑞士人认为，瑞士的税制对欧洲其他国家来说确实不公平，应该取消。瑞士的中左翼人士也对此提出批评。如瑞士社会民主党早在2005年就试图劝说国会改变这种税收制度，但最终失败了。该党的一位高级官员说：“这种税收制度不够透明，也不够公平，而且对那些不能从中得到好处的纳税人来讲，这种制度最终会影响他们的纳税意愿。”

瑞士有26个州，各州都希望能吸引富有的外国人和外国企业，而各州自主决定税率的体制造成了各州间互相竞争的局面。

2006 年初，瑞士下瓦尔登州公布，该州的企业所得税率降到 6.6%，为全国最低。这一降税措施受到了其他州的批评。但下瓦尔登州表示，各州制定低税率无非是为了吸引大企业和富人，有 18 个州也在 2006 年年初降低了税率。其他州都表示，它们也不希望陷入恶性竞争中，但各个州都在通过减税来互相排挤，它们也是不得已。

2006 年年初，下瓦尔登州公民投票表决的结果显示，86% 的公众支持实行累退性的个人所得税制。在累退性税率制度下，随着个人收入的提高，个人所得税率反而降低了，特别是收入超过 30 万瑞士法郎（约合 23.3 万美元）的纳税人税负降得最多，其税率仅为 6%，而最高收入档次的纳税人的税负也从 2.35% 降到 1%。财产税也最少降低了 30%。

对于各州之间愈演愈烈的税收竞争，瑞士财政部长汉斯·鲁道夫·梅尔茨认为："税收竞争是瑞士税收体制的一个基本要素，一定程度的税收竞争有利于防止税负不断增加，但过度竞争肯定是不健康的。"就在下瓦尔登州 2006 年年初实行瑞士最低税率之后，他表示要采取一系列措施以抑制各州之间过度的税收竞争。但他同时也承认，除非各州订立税收同盟，否则税收竞争不可能消失。2007 年初，瑞士各州的财长们专门召开研讨会，讨论如何抑制各州间过度的税收竞争问题。

罗马尼亚：　巫婆不满税收新政作法诅咒政府

据综合国外媒体 2011 年 1 月 6 日报道，由于不满缴纳个人所得税的政策，罗马尼亚巫婆们准备用猫粪和死狗（很邪恶、很恐怖）作法诅咒总统和政府。

迷信在罗马尼亚可不是闹着玩的，吸血鬼的故事就源自这个国家。总统特拉扬·伯塞斯库和其幕僚在一些特定的日子都会穿上紫色服装以驱避邪祟。

自2011年1月1日起，罗马尼亚实行了新的个人所得税政策，一些非主流的职业，如巫婆、占星家、算命先生等也开始被列入征收的行列。政府此举是为增加财政收入，帮助国家摆脱经济不景气状态。

然而，巫婆们非常不满新政，其中一个名叫阿丽莎的巫婆称新税收政策是“愚蠢的”。“我们根本赚不到什么钱，拿什么交税啊?”从罗马尼亚东、西部赶来的巫婆们将在6日前往南部的多瑙河，届时十来个巫婆会往河里投掷有毒的曼德拉草，给政府官员施加魔法。

罗马尼亚政府的税收新政策规定所有的个体经营者必须缴纳16%的个人所得税，有的人认为这项法律很难实施，因为巫婆收到的钱通常都是现金，每次只有7~10美元。

不过，不是所有的巫婆都反对新政策。巫婆门卡就认为这个政策很好：“这意味着我们的魔法天赋得到了政府的承认，我也能开自己的店了。”

人口锐减让俄罗斯心慌
拟征收 “无子女税”

有人比喻，俄人口的缩减幅度相当于“每隔几天就打一次车臣战争”。

领土面积1 700多万平方千米的俄罗斯是世界上最大的国家。然而，自“二战”结束以来，该国一直为人口问题所困扰。日前，国际评级公司标准普尔对全球人口结构发展趋势做出的一份调查报告显示，俄罗斯人口将在今后40年内减少2 400万。

拟征收“无子女税”

根据标准普尔的预测，受出生率下降影响，俄罗斯人口到2050年将从目前的1.4亿下降到1.16亿。另外，65岁以下的适龄工作人口占人口总量的比例，将从2010年的72%下降到60%。

自苏联解体以来，俄罗斯人口总体上呈下降的趋势。1991年到2009年间，俄人口已经减少了640万。而在1997年至2007年的10年里，俄北极地区的人口大幅下降了40%，西伯利亚地区的1万多个村庄和290座城镇先后消失。有人甚至比喻说，俄罗斯人口的缩减幅度相当于“每隔几天就打一次车臣战争”。

根据俄人口统计机构的预测，到2031年，该国人口总量将降到1.27亿以下，届时人口数量将少于19世纪末沙皇俄国时期俄罗斯本土的人口。

俄罗斯总统梅德韦杰夫2009年年底曾警告，人口快速下降是俄罗斯面临的严峻挑战。为了解决人口问题，俄政府一直没少下力气。目前俄政府以向产妇发放现金和为多子女家庭提供缴税补贴的方式鼓励生育。一些地区的行政机关还酝酿恢复征收1941年制定的无子女税。该税法规定，20～50岁的无子女男性和20～45岁的无子女女性，每月应向税务部门交纳工资额的6%。

在普京担任总统期间，俄政府制定了一项为期7年的海外同胞自愿返乡计划，政府通过提供贷款和失业补助等手段吸引海外的俄罗斯族人重返国土。根据该计划，返乡侨民不但能得到3 000多美元的安家费，政府还将帮助其解决住房、就业和上学问题。但返乡侨民一般被安置在俄罗斯的远东和西伯利亚地区，无法生活在莫斯科等大城市。因此，这一计划遭到了不少打算返俄定居人士的抵制。

影响主权和领土完整

人口问题给俄罗斯的发展带来的影响是深远的。首先，人口减少将影响俄罗斯这个多民族国家的民族结构。俄人口学家指出，统计表明，俄罗斯境内的少数民族人口并未减少，所以人口减少主要意味着俄罗斯族人的减少。如此发展下去，俄族的人口优势将逐步减弱。

其次，人口问题影响俄罗斯经济和社会发展。据标准普尔预测，到2050年，俄政府用于解决与人口相关问题的开支占国内生产总值的比例，将从目前的13%增加到25.5%。

最后，人口问题还将影响到俄罗斯国家主权和领土的完整。如果人口持续减少，边疆地区的居民将逐渐向内地迁徙从而造成边疆空虚，从而不利于俄维护主权。

总之，人口问题已经成为悬在俄罗斯头上的“达摩克利斯之剑”，实施有效措施已经刻不容缓。

古巴：飞机行李也收税

2008年，古巴政府开征了一项新税，即对从古巴境外进入境内的飞机乘客的大件行李征税。政府规定，每个乘客可以携带20千克以内的行李，重量超过20千克的，超过部分按每千克25美元征税；若重量超过30千克，政府将对该行李予以没收。为了实施这一规定，古巴海关在出入口处设置了特殊的称重设备，对过往乘客的行李称重。据悉，政府推出这一措施的目的，是阻止旅居海外的古巴人把国外商品大量带入国内，影响古巴国内商品的销售。

用抵税治疗婴儿荒

出生率下降已经成为发达国家的通病。据统计，美国生育率是2.04，法国是1.89，德国是1.34，意大利是1.29，俄罗斯的人口出生率低，死亡率高。2005年，俄人口死亡率是生育率的1.6倍，高出美国和欧洲国家2~3倍。20世纪60年代中期，俄每名已婚妇女平均生育2.1个儿女，如今只有0.9个，不想要孩子的家庭达700多万。

一些发达国家已经通过支付给纳税人更多的钱来鼓励人们生孩子。

在法国，生第三个孩子每月可获抵税675英镑。意大利政府也在考虑付钱给那些不堕胎的妇女。在新加坡，28岁前生孩子的夫妇可获7 000英镑的抵税。日本政府担心狂热的工作文化谋杀了浪漫史，专门设立基金为单身贵族提供约会服务。日本政府负责提升生育率的大臣强调，要勒令公司允许男职员有更多时间待在家里，并帮助女性在生育后重新开始工作。日本卫生部官员也表示，他们正在考虑提出一项法案，强制公司鼓励员工“完成假期”和有充足的下班时间。在奥地利，政府部门正在研究是否给为人父母者更大的投票权。

但是，英国智库IPPR却认为给钱的措施作用有限。它指出，不管收入状况只顾扔钱给母亲的做法，并不能给最需要资助的孩子带来好处。

税收公事邮票趣闻

19世纪末20世纪初，在英国曾流行着税收公事邮票，据了解，这是世界上流行较早的税收邮票。分别于 1882 年、1902 年和 1904 年由英国邮政局发行的 3 种税收公事邮票的背后，隐藏着耐人寻味的故事。

1882 年，英国邮政局应国内收入局的要求，发行了一套内陆税收公事邮票。这种邮票为加盖票，即在当时流通的邮票上加盖"I. R. /OFFICAL"（国内税收/官方）字样，供国内收入局官员使用。起初，这种邮票还准许收藏者购买。一起意想不到的事件导致禁止邮局向公众出售这种邮票。按当时英国政府规定，凡张贴有税收公事邮票的税务邮件，不仅要作为急件处理，而且任何部门或个人不得检查。1887 年秋天，英国一些地方毒品买卖活动有所抬头，而且有的还十分猖獗，警方出动力量四处"围追堵截"，效果很不理想，毒品买卖屡禁不止，英国政府对警方查处不力很是不满。警方不得不重新部署。后来，有人举报税收公事邮件有夹带毒品的现象。警方紧急行动，在全英范围内检查，发现了 20 多起利用税收公事邮件夹寄毒品，进行贩卖、非法牟利的犯罪事实。于是，英政府决定禁止邮局向公众出售这种邮票。

1902 年，英国邮政局为感谢税收对英国邮政事业发展的支持，将爱德华七世新国王邮票加印了一部分，供税务官员使用，由于加印数量有限，这部分邮票现在成了世间珍品：据《斯科特收藏品目录》记载，面值 5 先令邮票新票价值 7 500 美元，旧票价值 2 750 美元；10 先令邮票新票价值 32 500 美元，旧票价值20 000美元；1 英镑邮票价值 225 000 美元，旧票价值7 000美元。

1904 年 5 月 14 日，邮政局发行了一枚 6 便士的国内税收公事邮票，图案为爱德华七世国王像，该邮票上国王像面对左方，周围是圆形花环，表示面值的文字在邮票左方。就在邮政局搞完邮票的首发式后不久，这枚邮票被下令收回。据英国集邮协会权威人士介绍，当时收回这枚邮票的原因有三种说法：一种说法是当时英国税收对邮政事业一直是采取减税等措施，使邮政当局在社会上处于一种养尊处优的位置。5 月 14 日，英国财政部国内收入局宣布税收扶持邮政事业的优惠政策到期，要立即恢复征税。邮政局感到一时难以接受，下令收回了邮票。一种说法是邮票制作破坏了国王的“尊容”：国王头像由于印刷原因，面部器官略有失调，加之面对左方，与人们平时见到的国王面部向右的图像不大一样，圆形花环的包围，更像摆放在那里的一个花圈，国王曾因此大发雷霆，不仅下令收回了这枚邮票，邮政局长也因此被迫辞职。还有一种说法是邮票设计不当，容易引起人们误解。该邮票面值 6 便士，设计者将表示面值的文字——“6”以阿拉伯数字突出了一下，那么这个“6”字就此邮票上的其他文字要大，显得比较特别，紧接着在“6”字的右方，就是带有国王图像的圆形花环，因花环边缘的色彩略带金色，两者的组合似乎给人一种“60”便士的艺术变形体，很容易让人们误认。当局曾将这枚邮票发给小学生、商店店员和邮递员辨认，8% 的小学生、45% 的店员，甚至还有 35% 的邮递员以为是“60”便士。于是，邮局下令迅速收回了这枚邮票。

据《斯科特收藏品目录》记载，这种 6 便士的税收邮票世存极少，标价连年攀升，据说在英国邮市上的标价已经达到 10 万美元/枚。

妈妈税：改善母亲收入不是“做个男人”

迄今为止，缩小美国的两性工资差距几乎完全靠所谓“做个男人”式的战略。女性得到的忠告是完成学业，找份工作，学习技能，积攒经历，拿到终身职位后找个伴儿，再把生孩子的事尽量拖着。一个女人越是把家庭责任往后推，她的“前父母”阶段越长，她一生的收入也就越高。

生育高峰期出生的一代女性以及更年轻的一代大多想这样以男人自居。苏珊·佩德森就是个样板。她是历史学家，20世纪90年代中期获哈佛大学终身教职。她当时已婚，三十好几，但在功成名就之前一直没要孩子。她在接受采访时说特别想要孩子，但这会威胁到自己的事业，因此只能一拖再拖。

佩德森事业的成功说明，这种策略还真管用——这当然是对于那些能推迟生育的少数人而言。那些晚要孩子的女性确实比早生孩子的母亲收入高、机会多。丹尼利·克里滕登是反女权主义的倡导者，她鼓励女性结婚生子，但这番忠告根本没考虑上述及其他铁的事实。克里滕登从没有告诉读者，年轻夫妻比大龄夫妻更容易分居、离婚，这样母亲和孩子就易于陷入贫困。这么多女性靠救济生活，就是因为她们听了她的劝告：结婚，早要孩子，然后被遗弃，被迫独立谋生。

但像男人那样也有风险。许多生育高峰期出生的女性坚持晚育，等想怀孕时，又发现为时已晚。成千上万的女性觉得做个男人并不是她们想要的生活。越来越多的年轻女性说，在差不多有资格成为美国退休人员协会成员之前，她们不会要孩子。

在法国和瑞典，人们采取了另一种策略。在这些国家，政府、私企雇主还有丈夫，一起分担抚养孩子的成本。这使女性能既做母亲又干工作。例如，在法国，有两个学龄前儿童的家庭每年约有1万美元补贴，包括免费医疗、住房补贴和一流的免费学前班。结果，儿童贫困现象很少见。在法国，母亲与其他人群的工资差距比在美国或英国要小得多。

一称赞欧洲，很多人就会说，美国永远不会提供这么慷慨的社会政策。但事实上，美国的确是极其慷慨的福利国家。但与西欧不同，美国政府不是保护母亲，而是保护士兵。

男人推迟或中断工作去服兵役，就等于为自己一生的收入纳税，和妈妈税差不多。例如，越南战争期间被征入伍的白人男子在20世纪80年代比一般人大约少收入15%。这种“军人工资差距”与家庭工资差距极其相似，这又一次说明，不能把母亲的低收入完全归罪于性别歧视。

但是，政府对士兵和父母——特别是母亲——所付出的经济牺牲持不同态度，这无疑是歧视性的。所有美国人都受到号召，给退伍军人以“补偿”——家庭主妇钱袋的损失有增无减，而退伍军人的经济损失却能从各方得到弥补。

为了说明这种双重标准，我们比较一下两位条件相同的男性。一个是计算机技师，娶了一位女同事，有两个孩子。他是个有责任心的父亲，每天保证晚 8 点回家吃饭，甚至还帮厨。他带孩子参加体育运动，出席家长会，还想方设法减少出差和外面的应酬。

这种男人担心对家庭的付出会影响自己的前程，这种担心合情合理。他的确很少得到升迁，以往如果他不分担家务，会多挣 15% ~20%。我们可以实事求是地说，他缴了很重的爸爸税。

下面以另一个受过同样教育、服了 3 ~ 4 年兵役的男士为例。他担心离开职业生涯的这些年会影响他未来的收入。的确如此，尽管他的老板认为当兵能训练人的领导才干。但是，无论他在事业上损失多大，国家支付的慷慨的退役福利仍能有所补偿。这减轻了他的军人税，即使从未上过战场，他照样享受福利：

他可以做 20 年非全职的预备役军人，退役后能领取一半工资。

他将优先得到政府工作。参加任何公务员考试都可以加分，另外他在与同等条件的其他人竞争时会被优先录用。在政府裁员时，他会得到额外保护。做母亲或父亲的在离岗几年后常发现自己的证书及文凭贬值了，相反，退役军人的证书却由于各种优待条件而增值了。

如果他想重返校园接受再教育，可以享受 36 个月津贴，合

1.7 万多美元。

他还有资格享受政府担保的住房贷款，利息率比市场价低半个百分点。

他可以享受医疗服务，联邦政府为此每年支付 170 亿美元。

他还有资格享受保费特别低的汽车保险，这只提供给那些与军队有关的人员。等他孩子十几岁开始驾车后，这很方便。

只要他留在军队或以平民身份为军队工作，就可以享受由国家一流的日托服务体系提供的儿童看护，还带补贴。根据他收入的多少，每周只需付 37 ~ 98 美元（1997 年时），他就能让孩子进婴儿班、学步班或学前班，那里的员工都受过专业培训并持有教师资格证书。在私立幼儿园，费用会高出 2 ~ 4 倍，而且服务还不好。

所有这些福利都不只是为战时兵役设置的。1990 年，有资格享受这些福利的 2 700 万退役军人中有 630 万人完全是在和平时期服兵役。穿过军装但没上过战场的退役军人成千上万，他们连个倒刺儿都没长过，却同样享受政府给那些出生入死者的慷慨馈赠。

退役军人的福利非常丰厚，从政府支付给个人的金额看，仅次于社会保险。这大大降低了军人税。尤其是教育方面的福利，使退役军人克服了因离岗而造成的诸多经济困难。

1990 年，国会的一项研究表明，那些利用《美国退伍军人权利法案》获得大学学位的第二次世界大战老兵的收入比其他人的收入多 10%。社会也因此受益，因为受过高等教育的退役军人在工作期间上缴的税款多于他们受教育花费的金额。

不用说，母亲们享受不到《美国退伍军人权利法案》、医疗保险、住房补贴和工作优先权。目前的情况是，成千上万的母亲牺牲了经济独立性，冒着贫困的危险抚养孩子。家庭的价值、国家的优先政策和免费搭车现象，在此一目了然。

减少妈妈税的第三种办法是将反歧视法应用到母亲身上。

美国大学华盛顿法学院的教授琼·威廉斯说，按男性规则设置工作是一种歧视。她以一个例子提供建议：如果一位做全职工作的女性在相当长的一段时期内工作得都很出色，后来由于家庭需要而转做非全职工作，小时工资低于做同类工作的全职人员，那么她就可以依据《同酬法案》声明受到了歧视。威廉斯认为，如果雇主的规定（包括日常或法定的加班、升迁的程序以及对非全职工作的排斥）对女性产生了歧视性的影响，使男性把持高层职位的话，那么女性雇员也可以对雇主进行控告。

现存的法律以及为保护家庭主妇免受歧视的新法律要想改善母亲一生的收入，要走的路还很漫长。

娶老婆要交税的国家

对一夫多妻征“多妻税”？别笑，这是事实，至少在孟加拉国第四大城市拉杰沙希已经是这样了。自 2006 年 7 月开始，该城市为了改变一夫多妻这项古老的习俗，对娶多个妻子者进行征税，任何男子娶第二个妻子时要交纳 1 万塔卡税金，娶第三个妻子时税金上升到 3 万塔卡，娶第四个妻子时要交 4 万塔卡(约 312 美元)。

事实上，在孟加拉国，一夫多妻是合法的。之所以要推出这样的新举措，拉杰沙希的市长米加努尔解释说：“一夫多妻制度不尊重女性，而且已经不合时宜了。”据悉，这个城市希望积极推动现代化进程，而上述新措施则是其中的一部分。

孟加拉尊伊斯兰教为国教，信奉伊斯兰教的人口占绝大多数，由于伊斯兰法律允许一夫多妻制，所以该国存在一夫多妻的家庭。

最近 50 年来，随着时代的变迁，一夫多妻的家庭正在不断减少，特别是在城市，不少人都选择一夫一妻。不过，在一些农村地区，一夫多妻制度还是很盛行。

穆圣一生中，大部分时间都只有一个妻子。他 25 岁娶了卡蒂嘉，直到他 50 岁那年卡蒂嘉逝世为止，他都是奉行一夫一妻制的。世界各地都曾经有过一夫多妻的时代。但是，随着时代的发展，一夫多妻制越来越成为有争议的话题，支持者有，反对者也有。

像突尼斯这样的非洲阿拉伯国家很早就从法律上取消了一夫多妻制，贝宁这样的非洲国家前不久也宣布取消了这一在西方民主社会看来落后的制度。

不过，凡事有例外，一夫多妻制当然也有。塞内加尔是一个被西方认为民主实行较好的国家，却是个一夫多妻制比较顽固的国家。

塞内加尔总统瓦德 2000 年在通过新宪法之前虽然提出了许多有关妇女解放的条款，但拒绝取消一夫多妻制，并认为它是“不能禁止”的“古老传统”。

呕吐也要征税

长期以来，在澳大利亚维多利亚省谢帕顿小镇，当地一些酒徒在夜间醉酒后，跑到街上呕吐并随地大小便，有时还破坏公物，造成恶劣影响，百姓对此很有意见。镇政府因此决定，在现有税收的基础上，对凌晨 3 ~ 6 时还在营业的酒吧征收额外的“呕吐税”。政府用这笔收入来雇人清扫酒徒们呕吐留下的污迹。

“鹅叫最少”的税种

英国经济学家哥尔柏说过：“税收这种技术，就是拔最多的鹅毛，听最少的鹅叫。”印花税就是具有“听最少鹅叫”特色的税种。它的产生有深刻的政治经济根源，也具有一定的传奇色彩。

17 世纪，随着资本主义经济的发展和海外殖民掠夺的加剧，荷兰国内的阶级矛盾也尖锐起来。国家和军队的巨额开支，都通过税收压在百姓的身上。为提高工资和改善劳动条件，工人多次向资本家展开斗争，而农民也不时掀起暴动。

公元 1624 年，荷兰政府陷入了严重的经济危机，财政十分困难。当时执掌政权的统治者摩里斯打算增税解决财政困难，但又怕遭到人民的反对，便要求大臣们出谋献策。众大臣议来议去，就是想不出两全其美的办法来。

万般无奈，荷兰统治者决定采用公开招标的办法，用重赏寻求新税的设计方案。方案中选的条件是：一是税源要可观，收入应基本能弥补财政缺口；二是要保证不至于引起民愤，出现难以控制的局面；三是要保证不会导致经济状况进一步恶化；四是手续简便易行，税收成本低廉。

荷兰政府从成千上万个应征者设计的方案中，筛选出一个“完美方案”——印花税。其设计方案可谓匠心独具：第一，考虑到人们在日常生活中经常使用契约、借贷凭证之类单据的事实，所以一旦征税，税源将很大；第二，顺应了人们的心理，人们认为在凭证、单据上由政府盖个印戳而成为合法凭证是理所当然的，在诉讼时可以有法律保障，因而也乐于缴纳印花税。

正是这样，印花税被誉为税负轻微、税源畅旺、手续简便、成本低廉的“良税”。因此，印花税在荷兰出现后，欧美各国竞相效法。丹麦在1660年、法国在1665年、美国在1671年、奥地利在1686年、英国在1694年先后开征了印花税。在不长的时间内，印花税就成为了世界各国普遍采用的税种。

鹦鹉不逃税

大傻入境某国时，带了只鹦鹉。

海关人员叫住他说："先生！你这只鹦鹉也得付税金。"

"应该付多少啊？"

"活的50美元，如果是标本就只要15美元！"

此时听见那只鹦鹉嘶哑地叫着："大傻！千万别抠门啊！"

为什么猴子要纳税

澳大利亚有一位名叫玲德姗·莎梅达的人提出一份申诉书，让人惊讶不已。

申诉书中说，她养了一只叫"劳碌者"的猴子，帮她干些农活。而税务局竟然令这个猴子交纳所得税，这是不合理的。

税务局视察员认为，这只猴子能开拖拉机运送草料，还会把草料送到饲养棚的马槽里。而且在启动发动机前，它还会检查引擎线路。这清楚地说明，"劳碌者"是农业劳动者，有义务支付所得税。"劳碌者"平均每月的劳务价值约有9 000美元。

莎梅达的辩护律师说，这个猴子之所以会干活，是由于莎梅达20年的精心饲养和训练。现在猴子干活只能作为偿还主人的饲养和训练费用。况且主人现已丧失了劳动能力。

税务当局与莎梅达双方各执其词，辩论仍在继续。

这一消息引起了各界的强烈兴趣。各电视台和报纸杂志的记者闻风而至，一时间，“劳碌者”成了“明星”，它的主人因此而收到了一笔可观的聘金。

一些动物心理学家表示，如果莎梅达败诉，他们愿意代为支付所得税，条件是莎梅达为他们对这只猴子的研究提供方便。

毕马威的另一张面孔

2008 年，新华集团诉毕马威案一审判结，毕马威被判定在新加坡通用电气 2005 年收购上海新华集团下属企业——新华控制工程有限公司后，针对新华工程 2005 年度会计报表，出具了不实审计报告，使新华集团蒙受损失。

判决中还提到，毕马威的会计师只要保持必要的职业谨慎，就能够发现，新华工程在财务报表中所作的追溯调整，未经相关程序就否定了以前国家相关政府部门的有关批复，错弊明显。

如此简单的漏洞怎么会被毕马威忽略？作为具有百年历史的国际“四大”会计师事务所之一，技术和能力上都不可能有什么问题，那就只能归之为缺乏应有的职业道德了。

这种缺乏职业道德的行为在毕马威身上并不鲜见，毕马威在中国因为“出具不实报告”成为被告也并不是第一次。2003 年，毕马威就曾因为涉嫌在锦州港虚假陈述案中负有连带责任，未能公正审计而被告上法庭。

2008 年 8 月 12 日，毕马威在江苏宿迁再成被告。因协助达能对娃哈哈“非合资公司”外方股东进行接管，及向娃哈哈“非合资公司”、中国境内的银行等寄送英属维尔京群岛、萨摩亚法院的命令，毕马威被诉侵犯了中国的司法主权。

虽然身为全球“四大”会计师事务所之一，声名显赫，但毕马威的名声在世界范围内并不干净，有关它违背职业道德规范的指控一直存在。

2002年，毕马威卷进美国施乐公司14亿美元虚增利润案件中，该公司在截至2001年的5年间，错记了64亿美元的设备收入，并虚增了36%合14.1亿美元的税前利润。到2006年8月，毕马威与美国联邦监管当局就涉嫌销售非法避税产品一事签订了和解协议，以支付4.56亿美元罚款为代价，暂时免于被起诉。

美国司法部掌握的资料显示，毕马威利用各种手段帮助客户逃税，其中包括资产收益税以及个人所得税，总金额高达25亿美元，毕马威从中牟取7%的差价。时任美国国税局局长埃弗森表示，毕马威的行为超出了“正当避税”的界限，已经构成了“盗窃”，“会计师和律师是税收系统的中流砥柱，应该维护法律，而不是钻法律的空子”。

在那之前，“安然丑闻”使得曾经的“五大”会计师事务所变成了“四大”。《纽约时报》认为，是“四大”这一身份使毕马威逃过了司法制裁，因为“投资者们还需要依赖它们来验证他们投资的公司的财务报告的准确性”。从这点上说，毕马威是幸运的，如果“安然”案发生在“非法避税”之后，现在倒闭的就不是安达信而是毕马威了。但有了“四大”这个护身符，毕马威显然并不想吸取安达信的教训。

2008年3月末，一份美国破产法庭的解密报告显示，毕马威与全美第二大次级贷款公司新世纪金融公司的财务丑闻难脱干系。新世纪金融曾在2004年、2005年、2006年几次调整会计准则，其中部分调整违反了国际会计准则，对此审计公司毕马威均采取默许甚至鼓励态度。

按照美国法律，投资者可对其会计师事务所在财务审计时未尽职责提起诉讼，如果法庭判定指控成立，会计师事务所将不得不为他们的损失做出赔偿。如果证据确凿，超过450名机构和个人投资者将起诉毕马威。

事实上，毕马威虽然一直被牵扯进各种丑闻、案件中，它服务的公司因丑闻倒闭，无数投资者因此蒙受损失，但都由于有“四大”的光环保护没有倒闭之忧，而仍然受到信任。在美国会被索赔，在中国，资本市场公众投资者不能起诉或不愿起诉，会计市场上的违规机会成本几乎为零。所以，毕马威在中国的行为更加肆无忌惮，经常在涉外审计中损害中国公司企业的利益，这必须引起监管部门的警惕。

意大利名人收入遭暗查

继总理罗马诺·普罗迪遭非法窃听的消息曝光后，意大利媒体报道，包括意大利现任总统、前总统、前总理以及著名球星在内，许多名人的收入和税收情况都曾遭税务部门暗中调查，持续时间近一年。

遭调查的政界名人包括总统乔治·纳波利塔诺、前总统卡洛·阿泽利奥·钱皮、前总理西尔维奥·贝卢斯科尼和两名左翼民主党的高级成员。

报道说，意大利国家足球队球星弗朗西斯科·托蒂和亚历山德罗·德尔·皮耶罗的收入也遭到调查。1994 年因癌症去世的色情女星莫阿纳·波齐也未能幸免。

为平衡财政赤字
荷兰拟加强查缉色情业者逃漏税

世界上最古老的行业、赚取皮肉钱的荷兰色情业者，也开始感受到政府财政困窘的压力。据报道，为平衡预算赤字，荷兰展开新一波查缉逃漏税的行动，妓女是加强查缉的对象。

荷兰的卖春业 17 世纪时就已非常兴盛，当时的荷兰，是个强大的海权国家，水手在结束漫长的航海后靠岸的时候，总是想找点乐子。十年前，荷兰让娼妓合法化，不过课税这件事情，一直没有认真执行。

荷兰在2008年的金融海啸中受灾较轻，但是2010年政府也出现了6%的财政赤字，打算透过减少支出及增税来削减赤字。

根据官方的估计，荷兰卖春业一年的产值达到6.6亿欧元，性交易的一般行情是15分钟50欧元，依法卖春收入必须先缴纳19%的营业税，其余所得在扣除必要支出之后，必须计入个人所得报税，再剥一层皮。但是这种关起门来交易的行业，要准确课税，难度很高，因为大概没有多少去嫖妓的人，会要求妓女开收据。

埃及烟税翻番， 买烟人数立减

根据2010年5月制定的禁烟法律，从7月1日起，埃及的烟民将要花更多的钱来购买香烟和烟草。

埃及烟民人数众多，禁烟一直是政府关注的事情。按照世界卫生组织公布的统计数字，埃及的烟民数量在过去的30年中增加了两倍。埃及40%的男性吸烟，82%的烟民每天要吸16~20支香烟。

2010年5月，埃及政府出台法律，要用提高烟税的办法来遏制吸烟人数增加的趋势。尽管此举遭到了一些烟民的反对，但埃及政府依然决定在7月1日实施该法。根据这项法律，埃及传统水烟烟叶的价格比过去翻了一番，香烟也普遍涨价40%。埃及官员称，这样做的目的，除了希望数百万烟民能够戒烟外，还要用这些增加的税收来发展公共健康和福利事业。

新税收制度一实施就起到了效果。开罗烟贩哈尼·艾沙克对媒体称，今天买烟的人少多了。哈尼还说，由于烟价提高，他今后吸烟的数量也会减半。

一个不必缴纳个人所得税的国度

只有约35万人口的文莱，这个位于南亚的国家，凭借丰富的石油与天然气资源，成为世界上人均最富有的国家。这里的老百姓年人均国民收入约两万美元，享受着各种补贴和高福利，且不必缴纳个人所得税，真是让人非常羡慕啊。

几乎家家文莱人都住别墅，出行主要靠开私家车。汽油在文莱只要约合人民币两元一升，与一瓶1 500毫升纯净水的价格相当。马来人爱吃甜食，文莱苏丹（最高元首）从国外大量进口糖，到国内以低价出售。文莱苏丹在澳大利亚曾租赁了一个大牧场（现已卖掉）养牛，将源源不断的廉价牛肉输往文莱。文莱人所吃的大米主要从泰国进口，政府对泰国大米的进口补助是50%。就连水费、电费政府也有补助。

文莱居民分为三个级别：文莱公民、文莱永久居民和文莱普通居民，分别享受不同的社会福利。文莱公民的身份证为黄色，享受公立学校的免费教育，住房上享受免费的公房或得到高额的住房补助自建房屋。医疗上享受几乎免费的治疗。一位文莱公民告诉我，他的脚扭断了只花了1文莱币（约合5元人民币）。无论大病还是小病，文莱公民每次只需要花1文莱币，其余费用均由国家负担。

要想成为文莱公民，必须先取得文莱的永久居留权，再参加马来语言和文化的考试，题目很难。即便考试通过，政府也会以种种理由拖延申请。在文莱约有5万华人，拥有公民权的只有1万左右。当地朋友Kim参加了数次考试，等待了数十年，终于拿到了文莱黄色身份证。

文莱永久居民身份证为红色，除了不能申请文莱护照（只能得到文莱旅行证），其他方面享受的社会福利也不比文莱公民差多少。教育、住房、医疗上的福利与文莱公民几乎一样。当地朋友志强是一位拥有文莱永久居留权的马来西亚公民。一次他的牙齿坏了，去医院换了几颗牙齿只花了 3 文莱币（约合人民币 15 元）。对于文莱永久居民，每看一次病费用均为 3 文莱币。

文莱普通居民一般是那些在文莱工作的外国人，为文莱国家部门工作的文莱普通居民都会得到一张绿色的身份证。拥有这张绿色身份证同样可以享受免费的医疗（仅限于常见病），但不能享受其他社会福利。在文莱一所公立学校教英文的澳大利亚人 Sue 每次在文莱看病都由政府埋单。

说到文莱的社会福利，一般人会有一些误区。教育免费是指在公立学校上学免费，如果想得到更好的教育而前往私立学校学习，政府是不给予任何补助的。免费出国上大学每月还拿生活补助不是面对所有学生的，而是文莱精英学生，每年只有不到 5% 的高中毕业生能享受到这项福利。

拿到政府分给的免费房屋需要等待很长时间，多数情况下文莱人都会向政府低价购买一块地自建房屋。最低生活保障每人每月也只有约合不到两千块人民币，刚好够生活。

高福利只是解决了人们生活的后顾之忧，但想过更好的生活，还得靠自己的辛勤劳动。

希腊人爱“逃税”？

法国政府 2012 年 5 月 27 日说，国际货币基金组织总裁克里斯蒂娜·拉加德关于希腊人“逃税”的说法“过于简单化”。拉加德先前暗示，身处债务危机的希腊人设法逃税，她更同情非洲贫困儿童。

法国政府发言人娜雅·瓦洛·贝尔卡桑当天接受一家法国电视台采访，批评拉加德的说法不合适。

英国《卫报》26日刊登对拉加德的专访。这名法国籍国际货币基金组织总裁说，她知道许多希腊人的福利遭削减，但其他一些国家的公众更值得同情。

拉加德说，一些非洲国家非常贫困，儿童教育条件很差，“他们比希腊首都雅典的人更需要帮助”。她批评希腊“逃税”风气加剧了财政严峻状况，“那些人整天想着逃税”；希腊人应该缴纳税款，“集体自我救助”。

拉加德说，国际货币基金组织不会放松对希腊紧缩财政的要求。以将会导致民众减少工资和社会福利的希腊政府紧缩财政为条件，欧洲联盟和国际货币基金组织同意向希腊提供大约2 400亿欧元（约合3 003 亿美元）援助。

刘晓庆案吓出补税高潮
北京一月收到上亿补税

有关刘晓庆的税案终于告一段落了。刘晓庆分布于全国各地的十几套房产几乎被“一拍而空”。但是，该案尘埃落定之后，还有多少人对此心有余悸呢?

有数据统计，仅在刘晓庆税案被曝光之后的1个月内，北京税务部门就收到了来自各方的各类补缴税款1.38亿元，而查处刘晓庆税案的海淀区税务局收缴的个税占到了全国的2%。“2%”意味着全国100元的个税中有2元属于海淀区。海淀区是中央级文艺团体、中央电视台、北京电视台等的落户区。有关人士透露，在刘晓庆税案查处之后，海淀区曾经掀起了一个补税的高潮，而演艺界人士占到了其中的大多数。

有人这么形容刘晓庆税案：“它将是全国富人补税的导火

索，也是税务局打响税收征管战役的开门钥匙。‘战争’将从此开始。”刘晓庆税案要传递给众人的信息是：不管你是谁，名人也好，普通纳税人也罢，法律面前人人平等。只要你逃了税，不但要把你所欠的税款追回，还要按有关的法律重重惩罚你，直至把你罚个倾家荡产。

目前，全国各地地税局都开始了建立重点纳税对象档案的工作。尽管在各大城市，档案的设立标准有所不同，但这都说明了一个问题：像刘晓庆这样“鞋子湿掉”的富人，已经开始在受到监视了。

法国税收趣谈

纳税——无处不要钱

法国的税务名堂之多，令人大开眼界。我在法国买了一台彩色电视机，几个月后收到一张国税局寄来的电视税通知单，才赫然发现，在法国看电视居然要交税！

法国除了地价税外，还有所谓的居住税，屋主或租户每年得向地方政府缴居住税。因此，在法国拥有房子，除了每年缴地价税外，还得缴居住税。

在汽车普及的西欧，多数国家都有强制道路税，法国当然也不例外。但许多国家例如英国和瑞士，若有道路税则全国的高速公路网就免费使用；而法国虽有道路税，高速公路却仍须付费。每年车主购买道路税的印花贴纸后，必须贴在车窗上。

法国所有的商品及服务都会加上20%的增值税。也就是说，一件定价120元的上衣，其中20元会进入国库。连每月的电话费和水费，都得再加上20%的增值税。

逃税——门儿都没有

正因为税务名目多，东扣西扣之下，法国人每月实领的薪水可能只有薪资单上薪水的六七成。在全球股市投资热潮下，法国炒股的人数至今仍偏低，有个很重要的原因是：征缴所得税高达20%。

法国更有世界上罕见的财富税。凡居住在法国境内的居民，所拥有的财产（包括不动产和动产）达66万美元以上的人，每年得缴财富税，财产愈多税率愈高。

位于法国南部的摩纳哥王国是欧洲著名的“免税天堂”，吸引了许多名流富商定居于此。法国政府精明得很，多年前即与摩纳哥签订协议，定居在摩纳哥的法国公民仍得向法国政府缴税。近年来，不少法国的明星、名流及企业家退而求其次，避居邻国如瑞士或英国，每年可省去百万以上的财富税。

当然也有人名义上移居国外，事实上仍偷偷住在法国。但是法国国税局可不是那么好骗的，它们会通过各种渠道严查。几年前，法国国税局要求当时香奈儿首席服装设计师拉格斐补缴上百万美元的税，拉格斐以定居摩纳哥依法不须向法国政府缴税为反驳理由。法国国税局则拿出拉格斐过去几年在巴黎寓所的电话费及水电费的明细单，证实他确实住在法国境内，从而令设计师百口莫辩。

漏税——列入黑名单

平时看上去轻松愉快的法国人，谈起查税之事，无不正襟危坐，再三告诫我，万一被查税，千万不要存侥幸心理，更别打马虎眼。因为万一被查到漏税，补缴税事小，从此被国税局列入黑名单，那可就麻烦了。

“万税”——多半用于社会福利

你不禁要问，法国“万税”的国库收入都用在哪里？强调公平均等的法国社会，税收是“劫富济贫”，多半用在社会福利上。

法国将幼稚园纳入义务教育行之有年，3 岁以上的小朋友一律上免费幼稚园，至于3 岁以下的幼儿，政府每月给120 美元的保姆津贴，让上班妈妈无后顾之忧。凡有两个孩子以上的家庭，每月还可领育儿津贴，直到孩子 18 岁为止。你或许要说，法国真是“万税”，所谓羊毛出在羊身上，你所看到的羊毛，是出自另一只肥羊身上。

IMF：全球“赖账潮”渐起

早在希腊发生债务危机之时，国际货币基金组织（IMF）就对发达国家的债务赤字发出过警告。而全球经济复苏近期出现变局，市场传言美国、日本可能再度刺激经济，债务警铃再次拉响。北京时间 2010 年 9 月 2 日，IMF 对七大工业强国（G7）再度发出警告称，虽然发达经济体短期内不会受到庞大公共债务赤字的威胁，但“不负责任”的长期金融策略可能导致这些国家债务赤字恶化最终导致政府出现赖债行为。一些经济学家认为，未来 10 年，大多数发达经济体将面临威胁经济安全的主要难题。

总体来讲，债务水平升高是由不合理的国家福利增长造成的，特别是医疗支出。而人口老龄化和全球气候变化问题也正在给各个国家的公共财政施加压力。报告说，纵览过去 35 年，发达经济体对国债的依赖度在逐年增加，不管经济是否好转，发债规模只增不减。经合组织此前也预测说，到 2011 年，发达经济体的公共债务之和会超过 GDP 总量的 100%，如果主要经济体不顾债务风险，继续施以财政刺激，那么债务膨胀的速度将更快。

IMF 经济学家毛罗表示，通过对 23 个富裕国家的债务水平进行分析后发现，日本、希腊、冰岛、意大利和葡萄牙非常接近“债务极限”，而爱尔兰、美国、英国和西班牙正在步入危险区间。虽然濒临债务极限，但日本政府近期正在拟定 2011—2012 年的预算资金，预计将创新记录至 96.7 万亿日元。这一“不负责任”的政策将加大债市风险，最终日本政府可能走向违约。

日、美等国债台高筑，还时时放风要实施量化宽松政策，让众多投资者再度迷上债券市场。而不断滋生的债务泡沫正是这些政府筹集经济刺激资金的好机会，这样做的结果最终将导致赤字进一步上升。有经济学家预测说，一手制造通胀一手发债，一些政府赤裸裸的掠夺行为正在全球范围内展开，全球政府赖账潮已拉开帷幕。

税务罚款之最

世界上最大的一笔税务罚款是美国好莱坞名导演卡洛·庞蒂支付的，他因为逃税行为被处以 2 640 万美元的罚款。

个人被征收的最高税额是一位名叫霍华德·林斯的富豪死后所缴纳的遗产税，税金高达 3.36 亿美元。

1974 年 1 月，挪威劳工党与社会联盟废除了税率的最高限制，这样就导致该国 2000 名市民必须交纳超过 100% 的所得税。这些最高税率的记录均被载入《吉尼斯世界记录大全》，挪威因此成为世界上税率最高的国家。

巴林、科威特、文莱和卡塔尔的公民，不论收入多少，一律免纳个人所得税。

欧洲最宜居国家排名： 法国第一， 英国倒数

据美国《赫芬顿邮报》、英国《每日邮报》综合消息，英国调查机构 uSwitch 公布了 2010 年欧洲各国生活质量指数排名。法国成为欧洲最适宜生活的国家，而英国因为物价高、政府补贴少等多种原因位居榜单倒数第二。

英国调查机构 uSwitch 对欧洲 10 个主要国家进行了调查，评判的标准包括居民纯收入、物价、政府对教育卫生的投入、退休年龄、假期长短、工作时间、寿命、日照天数等多项指标。结果显示，法国、西班牙因为物价更低、居民寿命更长，成为欧洲最适宜生活的国家。而英国因为物价过高、政府在教育卫生方面的投入过少，排名倒数第二。

具体排名如下：

（1）法国。法国是欧洲各国中退休年龄最早的国家之一，但居民的平均寿命却是欧洲最长的。法国工人每年享有 36 天带薪假，远远超过英国的 28 天。法国政府对居民医疗卫生的投入占到 GDP 的 11%，这项指标也是欧洲第一。

（2）西班牙。西班牙工人平均每年享有 43 天带薪假，全欧洲最长。西班牙的酒类价格全欧洲最低，西班牙全年的阳光照射天数也是欧洲第一。

（3）丹麦。

（4）波兰。

（5）德国。

（6）荷兰。

（7）瑞典。

（8）意大利。

(9) 英国。英国物价欧洲第一高，政府在教育和卫生方面的投入占 GDP 的比例全欧洲最少，工人工作时间最长并且退休最晚，居民平均寿命比法国少 2 年。

(10) 爱尔兰。

盘点全球十大机场免税店
“血拼” 护肤品不手软

出国游中，国人的购物能力让世界惊叹，主要还是当地产品总要比在中国大陆购买便宜很多，如果游客时间有限，也可以在机场的免税店购买，免去长途搬运，又能享受免税、退税的优惠政策。世界上知名的旅游购物城市良好的商业环境体现在方方面面，它们的机场免税店同样非常有名气，丰富的产品和经济的价格成了游客们“血拼”的最佳场所。

迪拜国际机场

迪拜国际机场免税购物区单凭 9 000 平方米的占地面积就足以赢得广泛的关注。作为最繁忙的航空客、货港之一，加之聚集各大奢侈品牌，这里每年有着近 10 亿美元的销售额，约占全球机场免税店销售总额的 5%。除了免税烟、名表、化妆品之外，正宗的迪拜特产如水烟、沙画、阿拉伯干果同样非常值得一买。与迪拜的经济作风相仿，这里的黄金交易甚有人气，金表、首饰品牌种类很多，价钱相对国内也便宜很多。

东京羽田机场

很多游客都对东京羽田机场的服务环境赞不绝口。除了很有日本特色的礼貌服务之外，模仿日本传统商业街的木质门楼和门前挂着的红灯笼同样让人心情愉悦。试想，外观是传统亚麻布门帘，里面却是正经时髦的名品大牌，感受还真是奇妙啊。还有，喜欢 hello kitty 的人不要在这里错过，这里的 hello kitty 店面格外大。

悉尼国际机场

在悉尼国际机场，国际大牌们显得并不那么吸引人。“澳洲第一冲浪品牌” Billabong 来至本土，价钱自然不贵。澳洲大陆土著艺术文化纪念品、澳洲特产等自然也不能错过。除此之外，“孤独星球”全球唯一实体店铺的入驻更是验证了澳大利亚“背包客的天堂”的美誉。其中不仅有齐全的各地旅行指南和地图，还出售户外装备和各种有趣的小东西。

印度孟买国际机场

印度孟买国际机场是南亚地区最繁忙的机场，也是大量涌入印度旅行的背包客的必经之路。来印度旅行的人们想必不会对动辄几万块的手包有着多大的兴趣，宗教、文化的洗礼才是此行的目的。就此机场免税店也成了收购印度手工艺品的重要一站。如果一路的辛劳无处宣泄，这里的足疗中心同样值得一去。

香港国际机场

香港国际机场由于位于赤蜡角，因此也被称为香港赤蜡角国际机场。2001 年至 2010 年间 7 次被评为全球最佳机场，并一直保持前三甲的成绩。这里绝对是家庭旅行购物的便利之所，因为它能够满足所有人的需要。即使有幼小的婴儿，这里设施齐备的育婴室也能够为您提供便利。

韩国仁川机场

整容是韩国文化的一枝奇葩，首屈一指的整容技术更是让脸上的那点事儿成为了一种产业，同时也影响了韩国化妆品在人们心目中的地位。首尔仁川机场免税店中除了各大国际知名化妆品品牌之外，韩国本土品牌，诸如 The Face Shop、Skin-Food、VOV 更能吸引人的眼球。在 4 层还设有朝鲜民族博物馆，其中收藏着从远古器物到现代艺术作品等展物，当然还有出售各种韩国手工艺品的小店。

罗马菲乌米奇诺机场

古琦、普拉达、阿玛尼……时尚大牌可能是意大利的特产，如果你是这些品牌的铁粉，罗马菲乌米奇诺机场你当然不会错过。除此之外，汽车也是意大利时尚重要的组成部分。法拉利跑车，这个介于艺术品与机械装置之间的代步工具，俨然已经楔入多少人的梦想。对于这样一部分人，机场免税店内，全球唯一的法拉利商品零售店就一定不要错过。这里有装饰着法拉利标志的皮夹克、T 恤等，不过遗憾的是，这里的法拉利跑车只做展品并不出售。

巴黎戴高乐国际机场

与在罗马国际机场沉迷于品牌时装相仿，拥挤的化妆品店在巴黎戴高乐国际机场成为另一道特色风景。话说诸如兰蔻、娇韵诗这些耳熟能详的名字可正是出自法国本土。加之免去高昂的关税，如果幸运再赶上促销，更是让人难以释怀。所以见到像买矿泉水一样抢购爽肤水的场面就不足为奇了。如果还不甘心登上飞机，在最后几分钟买几本关于卢浮宫或者凡尔赛的画册也是个不错的选择。

伦敦希斯罗机场

与其他时尚大国的品牌相比，英国品牌有着自己独到的魅力。由防水风衣发展到皇室御用的巴宝莉、英伦 mod 始祖宾舍曼、在袖口里绣着裸体美女的保罗·史密斯、引领世界次文化的马丁大夫……这些时尚的领袖们绝对让你或爱或恨走向极端，就像电影里说的那样“这就是英格兰”。

阿姆斯特丹史基浦机场

这里购物环境轻松。除了与其他机场免税店相仿的各大品牌之外，这里不时会有促销活动，往往非常超值。相对于其他国家来说，这里的退税机构也相对更加便利和宽松。

体坛历史上十大偷税大户

依法纳税已成为很多人生活中不可或缺的一部分，但是很多体坛大腕们却偏偏会在这个时候忘记了自己作为一位普通公民的本分。回顾体坛历史，网坛神仙眷侣阿加西与格拉芙竟然都赫然在列，有意思的是，美国记者还调侃了一句，要是把这份“十人黑名单”再延伸一位的话，前网坛第一美女库娃将不幸被“命中”。

（1）皮特·罗斯（美国大联盟球星）：他可以称得上是一位惯犯，先后在1999年和2004年“二进宫”。2004年，欠税金额高达100万美元的他，继1999年入狱5个月之后再陷牢狱尴尬，前后相隔仅5年。

（2）格拉芙（女子职业网球大满贯得主）：没能逃脱阿加西网球拍的德国美女也未能逃脱偷税的处罚。在德国，体育明星逃税案件处理得非常严格。格拉芙的父亲，当时还只有59岁的皮特，因为格拉芙漏税655万美元而被判处3年9个月的监禁。时间发生在1997年。

（3）O. J. 辛普森（前美国职业橄榄球明星）：1994年辛普森杀妻一案成为当时美国最轰动的事件之一，虽然这位黑人球星最终被戏剧化地无罪获释，但是他漏税70万美元却似乎又是令美国人难以接受的。

（4）鲍里斯·贝克尔（男子网球6个大满贯单打冠军）：贝克尔被指控在1991年到1993年期间，偷逃税款达到了170万欧元，虽然贝克尔一再声称自己当时住在摩纳哥，但是实际上他绝大多数时间生活在德国。虽然贝克尔逃过了牢狱之灾，但是他最终还是被罚款50万美元。目前贝克尔居住在“避税天堂”瑞士，虽然纳税可以让他不再那么烦恼，但是天天听到现今网坛天才费德勒的名字也该不会是一件多爽的事情。

（5）唐·金（世界著名拳击推广人）：唐·金曾是从阿里到泰森等几代拳击明星的经纪人，同时又是一位官司不断的“法庭油条”。1985年为了偷逃税款，他更是伪造了多张票据，其中包括一张面额为350万美元的理发票据。

（6）劳伦斯·泰勒（纽约巨人队橄榄球明星）：1996年因为逃税被罚3个月的住宅软禁即监视居住（缓期5年执行），以及50 000个小时的社区劳动。

（7）迭戈·马拉多纳（足球巨星）：马拉多纳早年曾经大量逃税，在1985—1991年代表那不勒斯踢球期间，他没有缴纳个人所得的税款。这笔税款在经过十几年的累加后已经高达3 100万欧元。马拉多纳在意大利时就曾因为逃税遭到起诉，球迷们很疑惑，“难道是‘上帝的手’帮马拉多纳逃的税吗?”

（8）巴里·邦兹（美国棒球明星）：他2006年犯下的案件仍在审理中，美国国税局目前还在想尽方法试图将他绳之以法。

（9）维利·麦考维（前巨人球星）：有趣的是，巴里·邦兹教父的队友麦考维也因逃税漏税而遭遇起诉。

（10）阿加西（男子网球8个大满贯单打冠军）：阿加西一家似乎都和逃税沾上了边，先是格拉芙的父亲1997年为其女儿转移收入而逃税被关进监狱，之后1999年已成为格拉芙丈夫的阿加西又被牵扯进了税收官司中，虽然不至于像老岳父一样身受牢狱之灾，但是这多少让美国的“不老传奇”面子上有点下不来台。据称，阿加西在英国漏税 2.75 万英镑。

第六章　肥胖和税收

英国胖人遗体火化　或交　“脂肪税”

面对日益严重的肥胖问题，英国殡葬业也感受到了随之而来的压力，他们不得不修建空间更大的火化炉来容纳装殓体积不断加大的棺材。英国地方政府协会负责人黑兹尔·哈丁说：“只要人们不断‘发福’，火葬场的压力就会越来越大。”

英国墓地及火葬场管理机构发言人蒂姆·莫里斯说，他们不断接到全国各地火葬场打来的电话，抱怨现有焚化炉已经不能满足需要。他说：“有一种解决的可能，那就是根据新需求对大量设备进行改造，借机增设大型火化炉。”改造和增建火化炉需要大量资金，英国政府考虑收取一些附加费——需要使用大尺寸火化炉的死者，家属需要支付 40 英镑的费用，该费用叫做“脂肪税”。英国每年有 43 万人选择火化，其中超大体型的肥胖者不在少数。

雷人航空服务：　向超重乘客征收　“肥胖税”

为节省成本，爱尔兰瑞安航空公司一直绞尽脑汁想办法。如今，这家欧洲最大的廉价航空公司又推出新招：向超重乘客征收“肥胖税”。

谁让我胖我征谁的税

不久前，英国医学刊物《柳叶刀》刊登了一组研究报告，指出肥胖人口不断增长正成为全球问题。在肥胖最为普遍的美、英等发达国家，有专家建议对易致肥胖的不健康食品征收“脂肪税”，既有益健康，又增加财政收入。

2011年9月，匈牙利宣布开征“零食税”。

10月1日，丹麦成为世界上首个向国民征收“脂肪税”的国家。

似乎是为了印证“肥胖税”的重要性和必要性，9月下旬，世界经济论坛发布评估报告，称癌症、糖尿病、心血管疾病等慢性病将在未来20年给全球经济造成47万亿美元的损失。因此，慢性病不仅是健康风险，更是全球经济风险。论坛敦促全球采取行动，降低与不良饮食、吸食烟草、滥用酒精、缺乏锻炼相关疾病的致死率。

“Fat Tax”，用经济杠杆改变饮食习惯

“肥胖税”也被称为“脂肪税”（fat tax），是指一些欧美国家为了对抗肥胖症蔓延并增加财政，而对垃圾食品和含糖饮料等食品征收的增值税。

早在2004年，英国唐宁街战略小组便提出征收脂肪税，不仅可以筹集资金，还能带来饮食习惯的改变，帮助降低冠心病、中风、肥胖症、糖尿病以及癌症发病率。根据战略小组的计划，将可能对易致人肥胖的加工食品、汉堡包、薯条、碳酸饮料等“垃圾食品”征收17.5%的增值税。

英国国家肥胖论坛和英国医学会对此计划均表示支持，认为这会有助于人们改变饮食习惯，减少罹患冠心病、中风、肥

胖和糖尿病的几率。《英国医学杂志》周刊的研究显示，脂肪税或有助于每年减少 1 000 例因心脏病早逝病例。

事实上，为了鼓励健康的生活方式，英国税务部门已经对香烟和酒精类产品征收了较高的营业税。

目前，据媒体报道，英国食品标准局正计划对“脂肪税能否帮助人们选择更健康食品”征询意见。英国卫生部对此做出正式回应说，英国政府现在还没有征收脂肪税的计划，但正在与相关食品行业协商减少食品中脂肪和糖分含量的问题，此外还在采取其他一些措施来帮助控制肥胖，鼓励人们采取更健康的生活方式。

早于脂肪税的应该是英国电信局的行动。2006 年 11 月，负责监管英国广播、电视和无线通信等行业的英国电信局即采取措施，禁止宣传垃圾食品的广告在以青少年为受众的电视节目和他们可能观看的普通节目中播出。而且，儿童电视频道任何时段和其他频道以 16 岁以下孩子为受众的节目时段，都不能播放宣传巧克力、比萨饼和汉堡包这类易致肥胖的食品广告。

目前，英国是整个欧洲肥胖人口最多的国家，肥胖引起的心血管疾病成为英国社会的流行病。据英国《每日邮报》报道，用不了 20 年，英国几乎一半的男性将患上肥胖症，40% 左右的女性也将面临超重，而治疗因肥胖引起的相关疾病的开销也将上涨到每年 2 亿英镑。

针对脂肪，各国争相下狠手

在“脂肪税”的问题上，丹麦、匈牙利显然比英国快了一步，但这并不意味着别国的落后。

早在 2009 年 3 月，韩国即通过相关法案，禁止在学校内售卖垃圾食品。

2010 年 1 月 19 日，韩国政府又通过法案，限制播放有关高热量、低营养的“垃圾食品”电视广告，少儿节目中间也禁止插播此类商品广告，且此项法律适用于所有无线、有线以及卫星电视。同年5月，韩国食品医药品安全厅公开了《儿童嗜好食品营养成分含量色彩和外形标注制》草案。该草案也被称为“红绿灯标注制”，如果一份茶点的总脂肪含量超过9克、饭类的饱和脂肪含量超过4克，就必须标注“红色警告灯”。

2010年8月底，加拿大卫生部推出《加拿大减盐策略》，建议人们遵循最新食盐摄入指南，以减少心血管疾病、中风和其他疾病的发病率。据估算，如果加拿大人每天的钠摄入量减少1.8克（相当于4.5克盐），该国心血管病发病率即可下降13%，平均每年可节省医疗支出近14亿美元。

2011年5月下旬，550多位美国健康专家和一些组织在一封针对麦当劳的联名信上签字，要求麦当劳停止以任何形式向儿童推销高盐、高脂肪、高糖分和高热量的食品，并呼吁“麦当劳大叔”退休。

7月11日，匈牙利“零食税”的开征得到了许多医生和营养学家的拥护，他们希望看到更多的不健康食品被列入征税名单。

而丹麦在实施脂肪税之前，已对软饮料采取了征税措施。芬兰也对含糖高的饮料加征了税额。据外媒报道，美国总统奥巴马也在考虑对含糖饮料征税，为医疗保健事业筹集资金。

肥胖增重，中国人10年＝西方人30年

2011年9月初，《2010国民体质监测公报》发布，结果显示：我国各年龄段人群的超重与肥胖率持续增长。2010年，成年人和老年人超重率分别为32.1%和39.8%，比2005年分别增长3.0和4.2个百分点，成年人和老年人的肥胖率分别为9.9%和13.0%，比2005年分别增长1.9和1.7个百分点。用体育科学研究所研究员王梅的话说：“过去10年，国人增长的体重几乎等同于西方人在过去30年增长的体重。”

肥胖本身是健康疾病，同时又是诸多慢性病的祸根。心脑血管病、恶性肿瘤、呼吸系统疾病、糖尿病等慢性病给我国人民健康和社会发展带来了严重危害和挑战，这些慢性疾病都与不均衡的饮食习惯、久坐少动的不健康生活方式密切相关。

2011 年 7 月底，世界银行在北京发布《创建健康和谐生活：遏制中国慢性病流行》报告，称癌症、糖尿病、心血管疾病、慢性呼吸道疾病等慢性病已成为中国的头号健康威胁，在每年约1 030万例由各种因素导致的死亡中，慢性病所占比例超过80%；慢性病负担在国家疾病总负担中所占比重达 68. 6%。

报告认为，如果不实施有效的防控策略，40 岁以上中国人罹患心血管疾病、慢性阻塞性肺部疾病、糖尿病和肺癌的人数，在未来 20 年将可能增加到现在的 2 倍甚至 3 倍。到 2030 年，人口快速老龄化可能使中国慢性病负担增加 40%。报告还指出，中国慢性病死亡率高于 20 国集团的主要成员。

如果说慢性病是家庭的吞钱机器，那么对于国家，它就如同卫生部“健康中国 2020 战略”研究课题组的专家说的那样：“如果不采取积极的措施，慢性病的经济负担将吞噬掉经济发展的成果。”

事实的确如此。2003—2010 年，我国的 GDP 从 13. 6 万亿元增至 39. 8 万亿元，增加了 1. 93 倍，而各种慢性疾病的经济负担却增加了 1. 97 倍。慢性病带来的经济负担的增长已超过了GDP 的增长！

当我们欣喜于 GDP 的增长时，我们却漠视了另一个“增长”！我们用了 10 年的时间完成了西方人 30 年的体重增长；我们用了 50 多年的时间完成了西方国家一二百年才完成的疾病谱转变，即从慢性非传染性疾病取代传染性疾病成为主要死亡原因。

2010 年末，在“健康中国 2020 第二届中国健康管理论坛”上，专家们指出，预计到 2020 年，我国劳动力人口中将有 85%

的死亡归因于慢性病，而70%左右的高血压、糖尿病、超重肥胖、血脂异常也将会发生在劳动力人口中。

2011年6月，上海交通大学发表的研究显示，目前中国人肥胖增长的速度已经成为“世界亚军”。这一“速肥”现象甚至引起了西方人的关注。美国的一份研究报告称，中国人的腰围增长速度是世界之最！一位世卫组织官员更是大胆预言：如果不好好控制肥胖和糖尿病，那中国经济发展的势头很有可能被抵消，经济将因此受到拖累！

脂肪税有助于唤醒人们的健康观念

如果经济杠杆可以成为改变饮食习惯的一种手段，那么，在我国能够施行脂肪税吗？接受记者采访的几位专家一致认为，一些国家之所以急迫地对“不健康食品”征税，主要是国情使然。而能否在我国实施，当然也必须考虑国情。

曾有一位外国营养专家到我国超市参观，当看到品种丰富的蔬菜、水果时禁不住感叹：中国消费者太幸福了！因为在欧美国家，蔬菜、水果的价格相当高，而蛋糕、饼干、巧克力、甜饮料则相当便宜，这也许是人们特别是那些收入较低的人们更易选择的原因。因此，通过税收提高其价格来改变饮食习惯确实有其道理。

但在我国，应季的蔬菜水果价格相对低廉，各种粗粮、豆类及其制品也是品种繁多，即便收入不多也能买得起。而奶酪、黄油、甜点、培根、汉堡等相对价高。比如，买一个汉堡需要10元，但10元却能买2~3斤苹果、3~4斤青菜。尽管作为天然食物，好吃、营养高、价格还便宜的蔬菜水果那么多，却有越来越多的人选择那些高脂、高糖或煎炸、烧烤的食物，以及各种甜点和饮料。这样看来，价格并不是影响食物选择的主要原因，健康知识和消费观念的灌输应该更为重要。所以，中国疾病与预防控制中心的专家张兵主任和营养师韩军花女士都认为，对大众而言，“更需要的是营养意识和营养知识，纠正对营养的错误认识和急躁心理。”

当然，即便是营养专家，在美味面前也有管不住嘴的时候，因此对营养知识不专业的人士特别是青少年来说，他们或许更容易被美味和“欢乐美味就在麦当劳”这样的诱人广告所俘获。更何况，那些最狂轰滥炸的广告、那些最舍得请大牌明星代言的食品，往往都是营养价值低而加工程度高的食品，而且它们都和时尚、快乐等表现内容联系在一起，最容易吸引年轻人的眼球。

尽管如此，几位专家依然认为，脂肪税还是具有唤醒人们健康观念的作用。

百事可乐公司对由肥胖引起疾病的员工征收“罪孽税”

百事可乐公司花了1 700万美元反对向碳酸饮料征税，却对肥胖员工处以罚款。

四年前，百事可乐向员工推出了一项健康计划，如果员工吸烟或患有与肥胖相关的疾病，如糖尿病和高血压，就得每个月交50美元的罚款。如果员工不想被罚，就得参加课程学习如何戒烟或减肥。2010年年初，百事可乐在纽约的大概400名装瓶工人和卡车司机对此表示反对。

而面对自己的产品被征收所谓的“罪孽税”时，百事可乐却反对了。2009年，美国国会需要为医疗改革筹集资金，于是决定向碳酸饮料征税。美国疾病控制与预防中心的数据表明，35%以上的美国成年人和17%的青年人体重超标；2008年，美国人处理肥胖问题（治疗糖尿病和因肥胖失业）的花费达1470亿美元。后来30个州准备进行立法开征碳酸饮料税，理由是保护居民健康，同时增加财政收入。

据公共利益科学中心数据，百事可乐在2009—2011年共花了1 700万美元游说议员反对这项税收，而自2009年以来，百事可乐、可口可乐和美国饮料协会一共花费的游说金额高达7 000万美元。目前，在美国还没有哪个州立法通过了这项税收。

百事可乐发言人德斯高说："大家都明白，肥胖不是一种产品造成的，而是多种因素造成的。"并称50美元的罚款不是一种罪孽税，"哪个公司不希望自己的员工是健康、积极向上的呢？"

防治糖尿病　德国征税督促减肥

2011年11月14日，"世界糖尿病日"已经进入第20个年头。2011年的主题是"应对糖尿病，立即行动"。

肥胖者占13.7%，超重者占36.4%，这两项加起来，德国成年人有一半超重和肥胖，他们得糖尿病的风险是体重正常者的6倍。这是2011年3~9月德国人体重情况的最新调查结果。

其实，早在2007年，德国就已经成为欧盟肥胖人口最多的国家。政府每年在肥胖病的治疗上要花费约160亿欧元，这对经济低迷的德国可不是一个小数目。为了解决这一困境，德国萨克森州保守派议员范德维兹曾提出，应该向体重超标的人征收"肥胖税"。因为，肥胖主要因生活方式不健康引起，它给医保系统带来了负担，由纳税人平均分摊是不公平的。尽管范德维兹的提议遭到了政治对手的激烈反对，但不来梅雅各布大学开展的一项调查显示，绝大部分德国民众同意向生活方式不健康的人征税。

最胖国家丹麦： 征肥胖税刺激国民减肥

从2011年10月1日起，丹麦成了世界上首个向国民征收“肥胖税”的国家。丹麦消费者如果再购买黄油、比萨、肉制品等高脂肪食品，都必须付出更高的代价。

黄油涨价14%

根据新法案，丹麦消费者如果购买饱和脂肪含量超过2.3%的食品，都必须缴纳每千克饱和脂肪16丹麦克朗（约合18.4元人民币）的“肥胖税”，这意味着一包250克的黄油涨价14.1%，橄榄油上涨7.1%，就连薯片、碎肉都涨价了。

丹麦政府预计，这一行动将为国家带来约15亿丹麦克朗（约合17.2亿元人民币）的新税收，同时减少国民大约10%的饱和脂肪摄入量和15%的黄油摄入量，以此推动国民健康，降低肥胖人口比例。

尽管丹麦的肥胖人口比例不到10%，略低于欧洲平均水平。丹麦食物与经济研究院还是指出，全国早死的人群中有4%是因为摄入了过多饱和脂肪所致。实际上，丹麦是最早对含食用脂肪食品征特别税的国家，丹麦还对碳酸饮料单独征税，而对糖果已经征收了90年的特别附加税。

食品商反对肥胖税

巧克力生产商Toms总裁杰斯·莫勒指出，新税实在没有存在的必要，因为他们已经在适应消费者的需求，尽力降低产品热量，所以选择权应在消费者手上。莫勒同时提到，丹麦员工的工资已经相当高昂，现在加上重税，工厂营运将面临难题。

这一新政策也遭到了许多网民的抨击，尤其是因为近来的医学和营养学研究指出，在食品中，糖和碳水化合物才是导致肥胖的罪魁祸首。而且，政府直接插手干预市场价格，也让不少评论者表示担忧。

欧洲食品饮料组织联络部主任麦考伊表示，税率的高低并不能有效地影响人们的消费习惯。重要的是要通过提高人们的健康意识，而非税率来促进健康的生活方式。

第七章　我国历史上的税收之最

最早的赋税

最早的赋税为夏朝的“贡”。据夏朝《孟子·藤文公上》记载:“夏后氏五十而贡，殷人七十而助，周人百亩而彻，其实皆什一也。”意思是说夏、商、周三代都是“什一之税”，即税率为十分之一（10%）。另据《史记·夏本纪》载，夏禹的后代夏启称帝后，为维护其统治，对粮食、布帛等物质资料实行强制征税。早期的贡赋主要是以农产品为征收对象，就是各地方臣属要向中央贡献土特产品。夏代的贡赋已具有强制性，贡赋收上来以后，一般用于满足奴隶制国家的政治、军事、经济等方面的需要。

最早的屠宰税

屠宰税在我国是一个古老的税种，它的前身兼有牲畜贸易税的性质。据《汉书》记载，汉武帝时期就对马、牛、羊征税，税率为饲养牲畜价值的2%。正式使用“屠宰税”之税名，是从清末江南各省的“屠宰牲畜税”开始的。

最早的房产税

房产税在我国历史上可追溯到周代。《周礼》记载:“掌敛廛布而入于泉府”。“廛布”是指市邸房舍之税的意思，这可以算是我国最早的房产税。

最早的商税

据《周礼》记载，从周公时期国家开始征收商税。在这时期，个人经商已经有了一定规模，商人赢利日渐丰富，统治者出于国家开支不断增大和挥霍享受的需要，开始通过征税来增加收入。当时市上设有专门主管收税的廛（同“缠”）人。税种有5种：絘（ci 一声）布、总布、质布、罚布、廛布。其中絘布是对市场上店铺征收的占地税；总布是对无房屋而占地的商行所征收的地皮税；质布是对买卖间贸易券契使用不当征收的罚款；罚布是对违反市场禁令的商人征收的罚款；廛布是对借用邸舍（仓库）或场地存放货物而征的税。这些税收都收取铜铸币。遇到灾荒和瘟疫，商税则免收。

最早的田税

据《春秋》记载，鲁宣公十五年（公元前594年），列国中的鲁国正式推翻过去按井田征收赋税的制度，在列国中首先实行“初税亩”，即不分公田、私田，凡占有土地者均须按亩缴纳土地税，从此，井田之外的私田也开始纳税，首先实行初税亩。这是征收田税的最早记载。这种税收以征收实物为主。实行“初税亩”反映了土地制度的变化，是我国从奴隶制赋税向封建制赋税转化的开端。

最早征收的车船税

最早对私人拥有的车辆和舟船征税是在汉代初年。武帝元光六年（公元前129年），汉朝就颁布了征收车船税的规定，当时叫“算商车”，“算”为征税基本单位，一算为120钱，这时的征收对象还只局限于载货的商船和商车。元狩四年（公元前119年），开始把非商业性的车船也列入征税范围。法令规定，非商业用车每辆征税一算，商业用车征税加倍；舟船五丈以上征税一算，“三老”（掌管教化的乡官）和“骑士”（由各郡训练的骑兵）免征车船税。同时规定，对隐瞒不报或呈报不实的人给予处罚，对告发的人进行奖励。元封元年（公元前110年），车船税停止征收。

最早的营业税

2000多年前的周代，就实行过有营业税性质的“商贾虞衡”课税，实际上是我国早期营业税的雏形。营业税在我国正式出现，最早见于1928年国民政府颁布的《营业税办法大纲》。

最早的关税

我国最早的关税出现在春秋时期，当时国家规定货物通过边境的“关”和国内的“市”时，要进行检查和征收赋税，叫做“关市之征”。《周礼·天官》载：“关市之赋以待王之膳服。”当时周代中央征收赋税，关市税是其中的一种，税收直接归王室使用。

仿行西洋税制的第一个税种

中国仿行西洋税制的第一个税种是印花税。从1896年最初提议开始，清政府拟议和试办印花税二十余载，先后印制了日本版和美国版印花税票，1907年拟定了《印花税则》十五条，但终未能正式实施。中华民国成立后，于1912年10月21日公布《印花税法》，并于次年正式实施。从1938年5月开始，中国共产党在晋察冀边区开始征收印花税。1950年，中华人民共和国中央人民政府政务院正式公布了《印花税暂行条例》。至此，全国统一了印花税法。

最早的税务机构

最早的税务机构是西周时期的地官。据《周礼》记载，周代的中央机构共设有天官、地官、春官、夏官、秋官、冬官六个部门，每个部门各设置六十名官员。其中，地官是管理赋税的总机构，其最高长官称为大司徒。

最早的税务学堂

最早的税务学堂是1909年5月成立于北京的税务学堂。学堂归税务处直接管理，学堂设总办、提调、总教习、教务委员、庶务官、中外教习、会计官、医官、司官、司书、夫役等管理职位。学员分为本科和补习科。本科学制四年，补习科学制一年。

最早的分税制

最早的分税制是唐代三分制。"安史之乱"后，将国家财政由原来高度集中的统收统支体制划分为国家财政和地方财政，二者之间在国家税收上采取了上供、留使、留州的三分制，成为中国历史上财政体制的第一次改革。

最早的免税通行证

最早的免税通行证是战国时期楚怀王赐给鄂君启的4件金节，于1957年4月在安徽省寿县城东门1千米的邱家花园里出土。经各方面研究，鄂君启金节可能是楚怀王六年（公元前323年）的器物。据铭文所载，凭此节"凡所达货贿者以节传出之"，可以免税通行，但铭文中也提出了一些限制，使这些金节只有在指定的路线和区域内才有效。

鄂君启4件金节，形式相同，均用青铜仿竹形制成，每件中间都有一竹节，宽7.3厘米，厚0.7厘米，弧长8厘米。一件稍长的为31厘米，其余均为29.6厘米。如把3件等长的金节并起来，恰合成大半个竹筒。金节上都有铭文，稍长的一件，有9行铭文，每行18字，共165字；另3件每件9行铭文，每行16

个字，共 150 字。铭文全用金镂错成，字形耀目，笔画熟练劲秀。

最早的国家税和地方税机构

最早的国家税和地方税机构是 1912 年民国政府财政部草拟的《厘分国家税地方税法（草案）》，正式划分国、地两税。1912 年 10 月财政部向国务院呈报了《各省国税厅官制（草案）》。1913 年 1 月，国务院及大总统批准了财政部上报的《国税厅筹备处暂行章程》。由此，中国历史上第一次组成国税和地税征收机构。

最早的税法

最早的税法是秦国的《秦律》。《秦律》是战国时秦国的成文法律，《秦律》中明确规定了农民缴纳田赋、应付徭役，并从品目、税率、质量以及处罚等方面做了详细的规定。

最早的完税凭证

最早的完税凭证是北宋初期的“引”。“引”也称公引、关引、文引、税钞，由户钞、县钞、监钞和住钞四联组成。北宋时期的茶引和盐引，是我国最早的完税凭证。

最早的公开办税

最早的公开办税是宋太祖赵匡胤提出的，要求把应课税物品的种类、品名、税率等用木榜在税务机构门前公示，便于官民共同遵守。

最早提出“税收”一词

最早提出“税收”一词的人是民国时期的贾士毅。他在 1916 年出版的《民国财政史》一书中，首次使用了这个词，意为“税的收入”。

最早的税制改革

最早的税制改革是战国时期齐国管仲提出的“治国先富民”的思想，积极倡导税制改革。

最早的财税分类

最早的财税分类是夏朝时，按诸侯管辖地与王城的远近，分为“甸、侯、绥、要、荒”五类。

最早的赋税原则

最早的赋税原则是西晋哲学家、文学家傅玄提出的“至平、积俭、有常”的赋税三原则。

最早的市场税收

古代市场单称为市。市是商品经济发展的产物，由来已久。商代末年，商人贸易就已出现，但当时手工业和商业都属官办，所以没有市场税收。到西周后期，由于商品经济的发展，在官营工商业之外，出现了以家庭副业为主的私营手工业和商业，集市贸易日益增多，因此出现了我国历史上最早的市场税收。

周代市场在王宫北垣之下，东西平列为三区，分别为朝市、午市和晚市。市场税收实行“五布”征税制；一是分绒布，即屋税；二是总布，即牙税；三是廛布，即地税；四是质布，指对违反契约文书者所征之税；五是罚布，即罚金。市场税收由司市、雇人、泉府等官吏统一管理，定期上交国库。

（注：绒本义为绩麻线，引申为按市的次第收税。）

最早的地方税

最早的地方税出现在汉代。主要有关税、山泽税、湖海税等。

最原始的赋税思想

最原始的赋税思想是《尚书·禹贡》中的“任土作贡”和“分等制赋”的思想。

最早的所得税法律

最早的所得税法律是1943年国民政府公布的《所得税法》。

第八章　理财趣闻

像动物那样理财

各种动物之所以能生存下来，与它们的“理财”能力有着密切关系，很多动物称得上是理财高手，值得我们人类学习。

狮子的理财分工。狮子在家庭理财上有着严格的分工，公狮负责圈地，看到一块没有被其他狮子发现的土地，先撒几泡尿表明土地所有权，然后由母狮在领地内狩猎，捕到猎物，公狮与母狮一起享受。男人应该像公狮一样，积极去发掘新的领地，努力创造财富；女人则应当学习母狮，把男人创造的财富打理好，别让家庭资产流失。这样，夫妻共同努力，才能分享创造财富和科学理财带给他们的美好生活。

兔子的分散风险法。兔子是弱者，为了生存，通常要在觅食区域内挖多个洞穴，这样万一遇到敌人，可以就近藏到一个洞穴里，从而确保自身安全，这就是人们常说的“狡兔三窟”。理财生活中，可以学学兔子，多选择几个投资渠道，比如追求稳健可以选择储蓄、国债和人民币理财，追求收益可以投资房产、信托和开放式基金，并且要根据形势及时调整和选择更好的“洞穴”，这样可以最大限度地化解风险，提高理财收益。

豹子会计算成本。豹子不仅胆大，而且心细，对一些事情还会“分析”和“思考”。豹子捕猎时，会考虑自己的付出是否值得。它对兔子之类的小动物往往不屑，因为它知道追一只兔子和追一只鹿所消耗的热量成本是相当的，所以在付出同样成本的情况下，它会选择物超所值的猎物。人类理财也应这样，如果投资期限、风险等要素大体相当，应尽量选择收益高的投资方式。比如，国债和储蓄的风险性相当，但收益却有一定差距，这时应经过计算分析后，选择回报高的投资方式。

田鼠最会储蓄。田鼠的智商非常高，秋天来时它知道趁机储备粮食安全过冬。通常情况下，一只田鼠需要储备七八斤甚至十多斤粮食，而运送和储存这么多的粮食，要花费很多时间和精力，但它们却非常专注，乐此不疲。随着人们收入的提高和消费观念的转变，“月光族”越来越多，花钱如流水肯定很潇洒，但到了用钱时捉襟见肘也非常尴尬，所以只花钱不攒钱的年轻人应学学田鼠提前计划、积谷防饥的理财思路。

狼最注重稳健。狼算是动物中最冷静和沉稳的，每次进攻前它都要仔细了解对手，先用对峙来消磨对手的耐力，然后伺机而动。面对比自己更强大的对手，狼会借助集体力量群起而攻之，所以狼在一生的进攻中很少失手。面对各种保本、保息以及高利率、高回报等诱惑，要正确分析这些产品是不是真正适合自己，避免盲目行为，这样你的投资理财就会永不失手。

阿拉伯妇女为何精通理财

据美国《时代》周刊报道，一项调查结果显示，在全世界的妇女中，阿拉伯妇女是对基金投资最自信的，她们在地产和退休规划方面的知识也最丰富。阿拉伯妇女有着悠久的投资历史。当波斯湾地区的经济依靠珍珠和鱼而不是天然气和石油时，外出的男人往往让女人掌管家计。如今，波斯湾地区的许多妇女拥有大量流动资金，这在一定程度上得益于穆斯林遗产继承法。伊斯兰教规定，已婚妇女的财产属于她个人；丈夫有责任承担家庭开支。因此，这里有专门为女性服务的银行，而且阿拉伯女性除存银行和投资房产等传统理财形式以外，随着理财知识的丰富，正寻求更复杂的投资工具。

参考文献

(1) 阿伦·德雷泽. 宏观经济学中的政治经济学［M］. 杜两省，史永东，等，译. 北京：经济科学出版社，2003.

(2) J. 布坎南. 自由、市场与国家［M］. 吴良健，等，译. 上海：上海译文出版社，1987.

(3) 弗里德曼. 论通货膨胀［M］. 杨培新，译. 北京：中国社会科学出版社，1982.

(4) 奥尔森. 集体行动的逻辑［M］. 陈郁，等，译. 上海：上海人民出版社，1995.

(5) J. 布坎南. 民主财政论：财政制度和个人选择［M］. 穆怀朋，译. 北京：商务印书馆，1993.

(6) 马斯格雷夫. 比较财政分析［M］. 董勤发，译. 上海：上海人民出版社，1996.

(7) 邓小平. 邓小平文选［M］. 北京：人民出版社，1993.

(8) 黄景贵. 现代经济学：小品与案例［M］. 海口：海南出版社，2007.

(9) 钱明义. 世界上最有趣的经济学故事［M］. 北京：中国戏剧出版社，2011.

(10) 辛向阳. 三个和尚如何有水吃［M］. 北京：中国经济出版社，2005.

(11) 佚名. 经济税收类名人名言［OL］. 百度文库，http://wenku.baidu.com/view/2b4b240b7cd184254b353564.html.

(12) 文锋. 经济大师金言 [M]. 广州：广东经济出版社，2006.

(13) 牧之，赵凡禹. 经济学经典名言的智慧 [M]. 北京：新世界出版社，2011.

(14) 百分网 [OL]. http://www.oh100.com/a/201205/84872.html.

(15) 罗德·希尔，托尼·迈亚特. 你最应该知道的主流经济学教科书的荒谬 [M]. 夏愉，译. 北京：金城出版社，2011.

(16) 张璐晶. 英名列经济前景最悲观国家：没指望奥运赚钱 [J]. 中国经济周刊，2012-06-26.

(17) 人生理财经典格言 [OL]. http://money.cnfol.com/060114/160，1539，1646421，00.shtml.

(18) 张天雁. 我国税收历史之最 [J]. 税收征纳，2012 (3).

(19) 陈彦云. 中国历史上的税收之最 [J]. 涉外税务，2003 (5).

(20) 徐爱国.《史记》里的税收故事 [N]. 人民法院报，2010-10-15 (7).

(21) 本报记者. 刘晓庆案吓出补税高潮，北京一月收到上亿补税 [N]. 上海青年报，2003-01-14.

(22) 徐放. 美国税收故事 [J]. 中国税务，1999 (9~10).

(23) 剑胆琴心的 BLOG [OL]. http://blog.sina.com.cn/jiandanqinxin.

(24) 各地财政税务网站.

(25) 中华会计网校网站.

(26) 证券时报网站.